汽车构造三维图解系列

汽车构造与原理

三维图解 彩色版 ★★★★

发动机

主　编　赫扎特　刘伍权　朱岩

副主编　周建军　林崟

参　编　胡顺堂　刘宏威　周广猛　姜大海　刘刚

THREE-DIMEN-SIONAL GRAPHIC

机械工业出版社

CHINA MACHINE PRESS

《汽车构造与原理三维图解：发动机（彩色版）》采用先进的计算机三维虚拟与渲染技术，运用剖切、分解、透视等表现方式，直观清晰地展现发动机结构与工作原理，并增加了知识链接等延伸阅读内容，涵盖现代汽车发动机绝大部分结构总成以及先进技术，如直喷汽油机、电控柴油机和增压技术等。

本书针对重要总成及零部件，还配有全交互的三维仿真演示，读者可利用手机扫描二维码观看。

本书可用作本科及高职高专汽车运用与维修、汽车营销与服务等专业及汽车保险、汽车制造方向的教材以及发动机使用、管理、维修和保障人员的培训教材，也可供汽车相关从业人员和爱好者阅读。

图书在版编目（CIP）数据

汽车构造与原理三维图解. 发动机：彩色版／赫扎特，
刘伍权，朱岩主编. —北京：机械工业出版社，2018.7（2025.7重印）
（汽车构造三维图解系列）
ISBN 978 - 7 - 111 - 60343 - 6

Ⅰ. ①汽…　Ⅱ. ①赫… ②刘… ③朱…　Ⅲ. ①汽车-
构造-图解 ②汽车-发动机-图解　Ⅳ. ①U463-64

中国版本图书馆 CIP 数据核字（2018）第 143124 号

机械工业出版社（北京市百万庄大街 22 号　邮政编码 100037）
策划编辑：齐福江　　　责任编辑：齐福江　谢　元
责任校对：潘　蕊　　　责任印制：李　昂
涿州市般润文化传播有限公司印刷

2025 年 7 月第 1 版第 5 次印刷
260mm×184mm・9.75 印张・259 千字
标准书号：ISBN 978 - 7 - 111 - 60343 - 6
定价：59.00 元

凡购本书，如有缺页、倒页、脱页，由本社发行部调换

电话服务	网络服务
服务咨询热线：010 - 88361066	机 工 官 网：www.cmpbook.com
读者购书热线：010 - 68326294	机 工 官 博：weibo.com/cmp1952
010 - 88379203	金 书 网：www.golden-book.com
封面无防伪标均为盗版	教育服务网：www.cmpedu.com

前言 Preface

在科技进步日新月异的今天，汽车已经成为人们生活中的重要组成部分。对汽车的认知、使用、养护和维修不仅是汽车从业人员必备的素质，也是普通车主和爱好者应当了解的基础知识。通过本书既可以满足从业者的专业需求，又能让大众直观生动地了解汽车的构造、原理以及工作过程，它既能作为教材学习使用，又能作为科普读物使用。

本书主要介绍了汽车发动机结构特点和工作过程等内容，涵盖汽车及发动机概述，曲柄连杆机构，配气机构，汽油机供给系统，柴油机电控技术，空气供给与进、排气装置，冷却系统，润滑系统和发动机排放控制等常见教学知识点，并增加了知识链接等延伸阅读内容。本书采用先进的计算机三维虚拟与渲染技术，运用剖切、分解、透视等表现方式，直观清晰地展现汽车结构与工作原理。

对于重要总成及零部件，读者还可以通过扫描二维码的方式观看全交互的三维仿真演示。三维交互演示声情并茂，既有结构分解剖视，又有机构动画，还配有旁白解说，并可触摸缩放、平移。

本书由赫扎特、刘伍权、朱岩任主编，周建军、林銮任副主编，参加编写的还有胡顺堂、刘宏威、周广猛、姜大海、刘刚等。由于我们编写经验不足，难免出现差错与不妥之处，敬请广大读者提出宝贵的建议与意见。

编　者

◇ 三维素材使用说明 ◇

本书通过扫描二维码实现汽车各大总成或零部件三维结构与原理展示。不同的三维素材具有以下功能：旋转、缩放、拖拽、总成讲解、部件名称、看板说明等。部分三维素材具有内部结构虚拟展示、分解组装三维演示过程、机构工作原理三维动态展示等。

在Windows操作系统下推荐使用Firefox浏览器播放，可采用鼠标左键旋转，右键拖拽，滚轮缩放操作。

在手机或平板电脑等移动终端下，推荐使用QQ浏览器，通过单指旋转、双指缩放的方式控制演示素材。

通过点击零部件以及交互触发区可以实现各类交互功能。

触发交互区可能是：物体、文字、部件、看板。

由于三维素材涉及零部件数目多，需要解析、读取等多个步骤，并受移动终端设备性能及网速影响，加载显示时间有可能稍长（1分钟以上），请耐心等待。利用电脑可以提高加载速度，增强演示效果。

连续扫描多个三维文件时，请清理一下内存占用，以获得更好演示效果。

前　言

目录

第五章
05

柴油机电控技术 / 102

第六章
06

冷却系统 / 117

第七章 07 润滑系统 / 125

第九章 09 发动机排放控制 / 142

第八章 08 空气供给与进、排气装置 / 133

Contents

乘用车

敞篷车

超级跑车

四驱越野车

皮卡车

纯电动车

长头货车

平头货车

厢式商用车

豪华乘用车

第一章

汽车及发动机概述

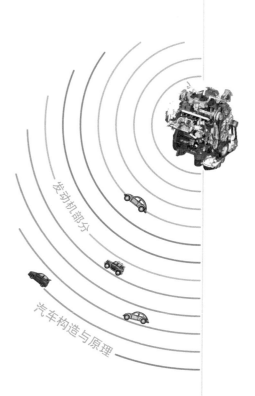

发动机部分

汽车构造与原理

汽车的基本组成

　　汽车一般由发动机、底盘、车身和电器系统四个基本部分组成。

　　发动机是汽车的动力装置，通过底盘的传动系统驱动汽车行驶。底盘用来支承车身，接受发动机产生的动力，并保证汽车能够正常行驶。底盘又可分为传动系统、行驶系统、转向系统和制动系统。

　　汽车诞生时就已经有这四部分的雏形了。经过 100 多年的不断发展与改进，汽车的基本结构已经定型。如今，不管是燃油汽车、混合动力汽车、电动汽车，不管是小型乘用车、大型货车，不管是民用汽车、军用汽车，都保持着这四部分基本结构。而汽车之间的区别也在于这四部分的具体组成和详细结构上的差异。

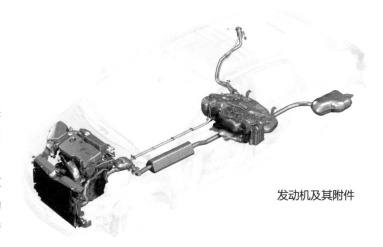

发动机及其附件

传动系统

行驶系统

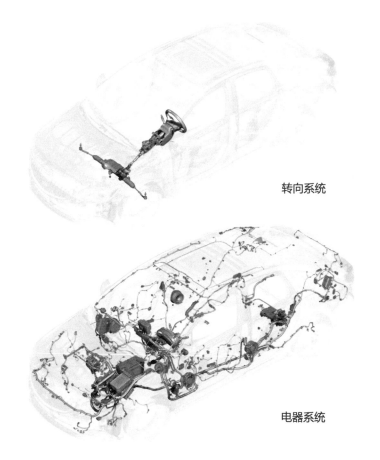

转向系统

制动系统

电器系统

车身

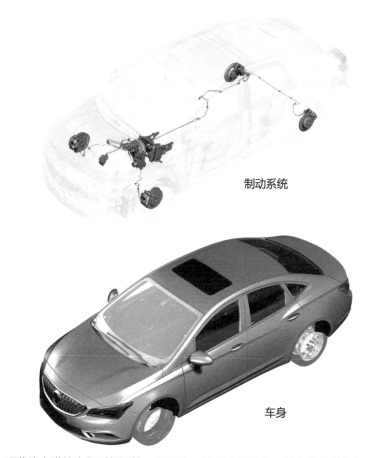

　　车身用来乘坐驾驶人员、旅客或装载货物，其内、外饰和附件的设计对现代汽车极为重要。现代汽车电器系统较为复杂，它通常包括电源、发动机起动系统、汽车照明、信号系统、电子控制系统和辅助电器等。辅助电器主要在舒适、娱乐、安全防护方面发展。在采用汽油机的汽车中，其电器设备还包括发动机点火系统。

　　现代汽车遵从人们对舒适性、易用性、娱乐性的需求，越来越多的相关系统或装置在汽车上的应用让汽车的电器系统愈加复杂，控制也愈加精密。

　　多年来汽车的用途一直未有大的变化，或许有一天汽车飞上了天空，进入了海洋，它的整体组成就不再是这四大部分了。

汽车的主要外观参数

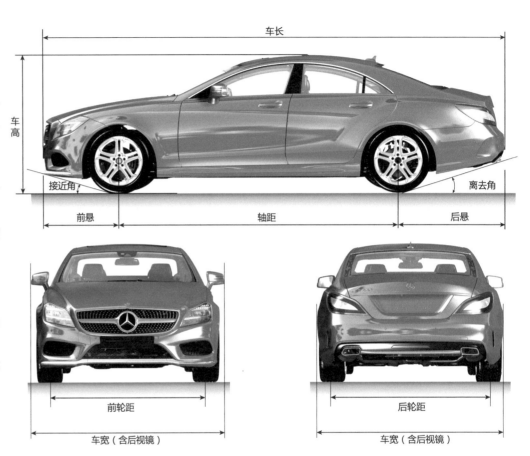

现代汽车采用统一的车身规格标注。但是由于车身外部附属差别较大，因此，如有特殊要求应加以注明（如车身宽度是否含后视镜，车身高度是否含行李架等）。

车长：汽车长度方向两个极端点间的距离。

车宽：车身左、右最凸出位置之间的距离，但不包含后视镜。

车高：从地面算起，到汽车最高点的距离，但不包括车顶天线的高度。

轴距：同侧相邻前后两个车轮的中心点间的距离。

轮距：左、右车轮中心间的距离。

接近角：汽车静态满载时，其前端突出点向前轮所引切线与地面的夹角。

离去角：汽车静态满载时，其车身后端突出点向后车轮引切线与路面之间的夹角。

车长　车高　接近角　离去角　前悬　轴距　后悬　前轮距　后轮距　车宽（含后视镜）　车宽（含后视镜）

▶ 知识链接

　　汽车的外观参数就像描述一个人的外貌一样。但这些貌似枯燥的参数中包含着很多含义在里面，比如轴距意味着汽车的级别，车高体现它的用途，车宽体现它的内部横向空间，接近角与离去角体现它的通过性能等。

　　理论上有些参数越大越好，有些参数越小越好。但是，厂家设计汽车时必须综合考虑。

汽车的主要性能参数

汽车的高通过性除了与其采用的四轮驱动有关，还和它的车身外形尺寸等有直接关系，如离地间隙、接近角和离去角等。

汽车的通过性通常由多种性能参数表现，如它能够以足够高的平均车速通过各种坏路和无路地带（如松软地面、坎坷不平地段）和各种障碍（陡坡、侧坡、壕沟、台阶、灌木丛、水障）的能力。

▶ 知识链接

一般轿车性能的衡量标准是加速、极速等跟速度有关的参数，而衡量越野车性能则更多是看它的通过性如何。

车身的长度与轴距的长度越接近，这辆车的接近角和离去角也就越大，但是牺牲了驾乘的舒适性、后排的储物空间和车辆的抗倾覆能力。轴距与轮间距越接近，也就是从四个车轮的着地点来看越趋近于正方形，且正方形的面积越小，车辆的越野性能也就越好，但是车子要么太宽要么太短。因此，没有完美的汽车，突出了某些性能势必牺牲其他的一些性能。

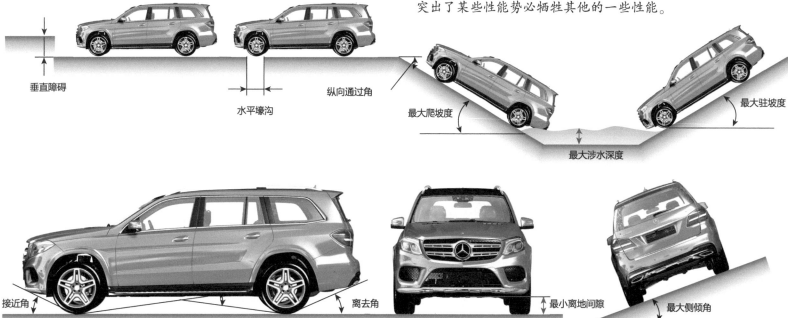

垂直障碍　水平壕沟　纵向通过角　最大爬坡度　最大驻坡度　最大涉水深度

接近角　离去角　纵向通过角　最小离地间隙　最大侧倾角

单缸汽油发动机基本构造

发动机是汽车的动力装置，它是将某一种形式的能量转化为机械能的机器，其主要特点是液体或气体燃料与空气混合后在机器内部燃烧产生热能，然后再转化为机械能。

▶ 知识链接

单缸发动机很小巧，只有一个气缸，但是它拥有和多缸发动机一样的"五脏六腑"。

由于只有单缸做功，运动部件惯性力作用会导致工作不平稳，振动较大，适合对动力性、舒适性要求不高但对紧凑型要求很高的场合。

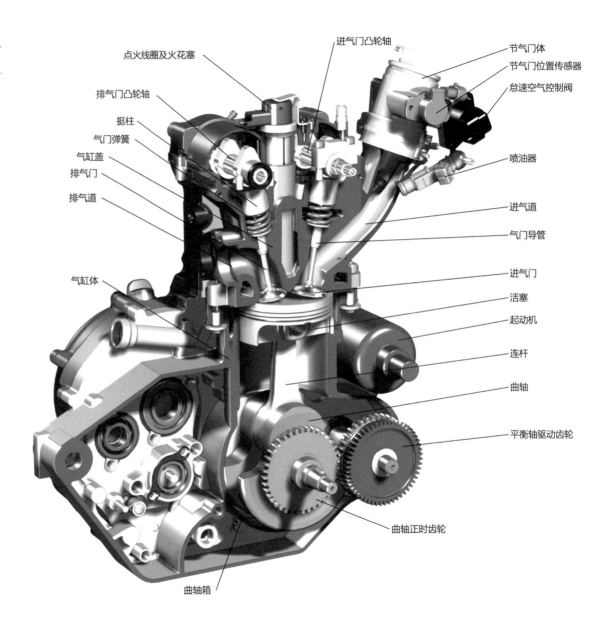

点火线圈及火花塞
进气门凸轮轴
节气门体
节气门位置传感器
怠速空气控制阀
排气门凸轮轴
挺柱
气门弹簧
气缸盖
排气门
排气道
喷油器
进气道
气门导管
气缸体
进气门
活塞
起动机
连杆
曲轴
平衡轴驱动齿轮
曲轴正时齿轮
曲轴箱

发动机（彩色版）

汽车构造与原理三维图解

多缸汽油发动机基本构造

　　汽油发动机气缸内装有活塞。活塞通过活塞销与连杆相连，连杆与曲轴相连。由火花塞点燃的混合气推动活塞在气缸内做直线往复运动，再通过连杆推动曲轴旋转实现动力输出，最终推动汽车。

　　活塞做直线往复运动，而曲轴做旋转运动。

　　汽油机的这种运动规律，叫作直线往复运动。现代燃油汽车使用的发动机绝大部分都是四冲程活塞往复运动式发动机。摩托车一般采用二冲程汽油发动机。

　　由于单缸发动机工作时很不平稳，所以汽车用的发动机往往采用多个气缸（3缸以上），常见的是4缸、6缸。

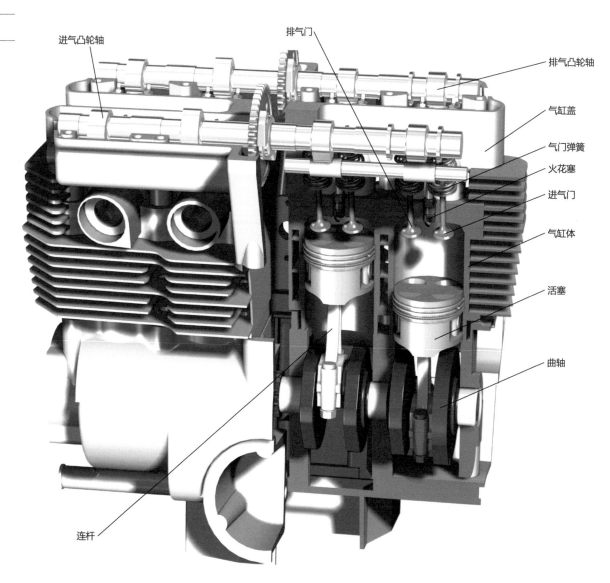

进气凸轮轴

排气门

排气凸轮轴

气缸盖

气门弹簧

火花塞

进气门

气缸体

活塞

曲轴

连杆

往复活塞式发动机常用术语

上止点（TDC）：活塞顶部离曲轴中心最远处，在直列式发动机中即活塞最高位置。

下止点（BDC）：活塞顶部离曲轴中心最近处，在直列式发动机中即活塞最低位置。

活塞行程 S：上、下止点之间的距离。

曲柄半径 R：曲轴与连杆下端的连接中心至曲轴中心的距离。活塞每完成一个行程对应曲轴转角180°。活塞行程 S 等于曲柄半径 R 的2倍，即 $S = 2R$。

气缸工作容积 V_h：活塞从上止点运行到下止点所扫过的容积。

发动机排量 V_{st}：多缸发动机各气缸工作容积的总和，单位为升（L）。

燃烧室容积 V_c：当活塞在上止点时，活塞顶上方的密闭空间叫燃烧室，它的容积称为燃烧室容积。

气缸总容积 V_a：当活塞在下止点时，活塞顶上方的容积，称为气缸总容积，它等于气缸工作容积与燃烧室容积之和，即 $V_a = V_h + V_c$。

压缩比 ε：气缸总容积与燃烧室容积的比值，它表示气缸内的气体被压缩的程度，即 $\varepsilon = V_a / V_c = 1 + V_h / V_c$

现代汽油机压缩比为9~11。柴油机采用压燃，它的压缩比较大，可达到16~22。

▶ 知识链接

1. 发动机排量和压缩比是汽车中最重要的两个专业术语。

2. 通常发动机排量的大小是评价一辆汽车动力大小的主要因素，就像肺活量大的人运动能力更强一样，大排量的发动机是保障汽车动力性的重要条件。

3. 在合适的范围内提升压缩比，会提高发动机的输出功率，但是其运动部件自身消耗的能量也会随之增加。此外，高压缩比让汽油车不得不使用标号更高的汽油。

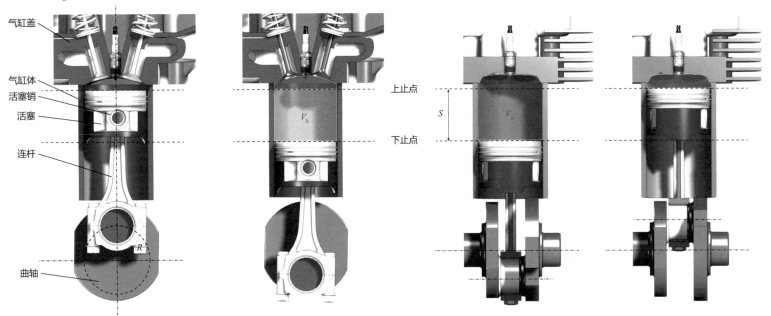

气缸盖
气缸体
活塞销
活塞
连杆
曲轴

上止点
S
下止点

V_h
V_a
R

四冲程汽油机工作原理

进气行程：活塞从上止点向下止点运动，进气门打开，排气门关闭。活塞下移气缸容积增大，缸内压力逐渐减小，当气缸压力降低到大气压以下时，在气缸外部形成的可燃混合气（缸内直喷除外）便经进气道和进气门被吸入气缸。

压缩行程：在曲轴、连杆的带动下，活塞由下止点向上止点移动，进、排气门全部关闭，将可燃混合气压缩，使其容积缩小、密度加大、温度升高。

做功行程：当活塞压缩接近上止点时，装在气缸盖上的火花塞发出电火花，点燃被压缩的可燃混合气，高温、高压燃气推动活塞从上止点向下止点运动，通过连杆使曲轴旋转并输出机械能。此机械能除了用于维持发动机本身继续运转而外，其余用于对外做功。

排气行程：活塞从下止点向上止点移动，排气门开启，进气门关闭，气缸内的废气靠自身压力和活塞上行推力排到大气中去。

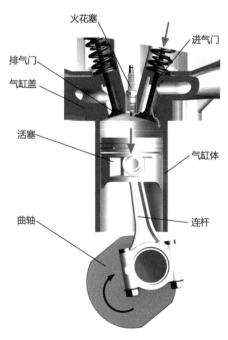

进气行程

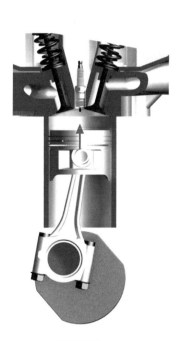

压缩行程

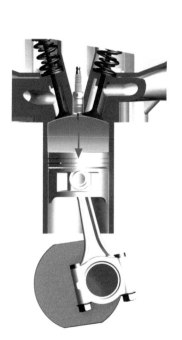

做功行程

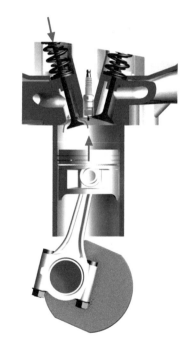

排气行程

四冲程柴油机工作原理

进气行程：曲轴带动活塞下行，吸入空气。

压缩行程：曲轴带动活塞上行，压缩空气，由于柴油机压缩比较大，所以压缩行程终了时气体压力与温度均高于汽油。在压缩行程接近终了时，柴油机通过喷油器将压力极高的柴油喷入气缸，柴油在很短时间内与压缩后的高温空气混合，形成可燃混合气。因此，四冲程柴油机的可燃混合气是在气缸内部形成的。

做功行程：由于压缩行程结束时，气缸内的气体温度大大超过柴油的自燃温度。因此，柴油喷入气缸后，在很短时间内与空气混合便立即自燃，气缸内气压急剧上升。在高温、高压气体推动下，活塞向下运动，并带动曲轴旋转而做功。

排气行程：废气在自身压力及活塞的作用下，经排气管排入大气中。

由于柴油机是自燃，不会像汽油机产生爆燃，所以它的气缸直径可以做得比较大，这样在同等缸数的情况下，就可以大幅度增加发动机排量，从而提高功率。柴油机的高压缩比让它有很强的做功能力，但机身比较"笨重"，而且噪声也比较大。与汽油机相比，柴油机省油20%～30%。

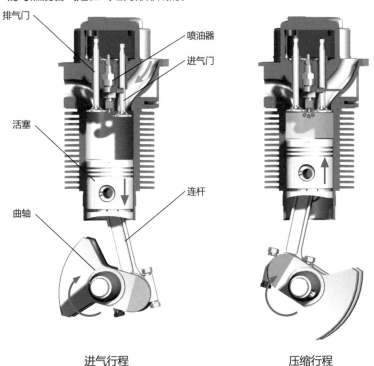

排气门
喷油器
进气门
活塞
连杆
曲轴

进气行程　　　　　　压缩行程　　　　　　做功行程　　　　　　排气行程

二冲程汽油机工作原理

第一个行程：活塞由下止点向上止点运动，当活塞将排气孔、进气孔、换气孔都关闭时，开始压缩在上一循环即已吸入缸内的可燃混合气。同时在活塞下面的曲轴箱容积增大，其内形成真空度（这种发动机的曲轴箱必须是密封的）。当活塞继续上行时，进气孔开启，在大气压力作用下，可燃混合气便进入曲轴箱。

第二个行程：活塞接近上止点时，火花塞发出电火花，点燃被压缩的混合气，高温、高压气体膨胀迫使活塞向下运动。进气孔逐渐被关闭，流入曲轴箱的混合气则因活塞的下移而被预先压缩。当活塞接近下止点时，排气孔开启，废气经过排气孔、排气管、消声器排入大气中。受到预压的新鲜混合气便自曲轴箱经换气孔流入气缸内，并扫除废气。

▶ **知识链接**

单纯从做功能力讲，排量、转速、压缩比相近的二冲程发动机做功能力是四冲程发动机的 1 倍。尽管它的结构比四冲程发动机简单得多（没有控制气门的机构等），但它的经济性不好，发动机润滑也不好，这就限制了它的应用范围。二冲程发动机主要用在航模、摩托车以及一些大型车辆上。

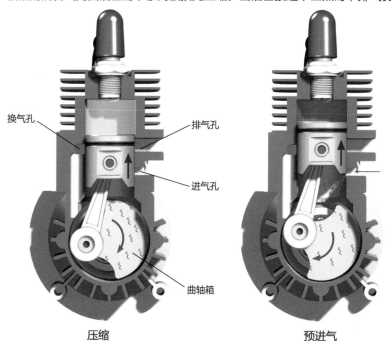

换气孔 ——
—— 排气孔
—— 进气孔
曲轴箱 ——

压缩

预进气

做功（预压）

排气（扫气）

典型汽油机外部构造

汽油机是以汽油为燃料，将燃料化学能转化为机械能的发动机。由于汽黏度小，蒸发快，可以用汽油喷射系统将汽油喷入气缸，经过压缩达到一定的温度和压力后，用火花塞点燃，使气体膨胀做功。汽油机的特点是转速高、结构简单、质量轻、造价低廉、运转平稳、使用和维修方便。汽油机在小型汽车上大量使用。

汽油机外部构造

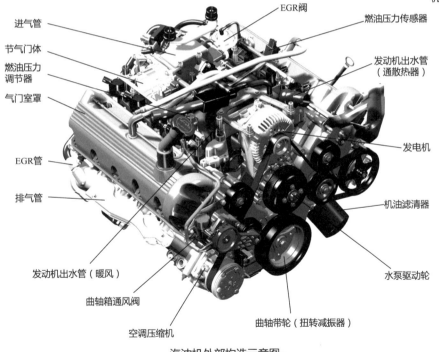

进气管
EGR阀
节气门体
燃油压力传感器
燃油压力调节器
发动机出水管（通散热器）
气门室罩
EGR管
发电机
排气管
机油滤清器
发动机出水管（暖风）
水泵驱动轮
曲轴箱通风阀
空调压缩机
曲轴带轮（扭转减振器）

汽油机外部构造示意图一

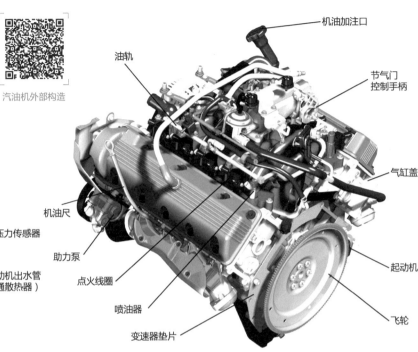

机油加注口
油轨
节气门控制手柄
气缸盖
机油尺
助力泵
起动机
点火线圈
喷油器
飞轮
变速器垫片

汽油机外部构造示意图二

它通常由机体组、曲柄连杆机构、配气机构、供给系统、润滑系统、冷却系统、点火系统和起动系统组成。

▶ 知识链接

1. 发动机是机、电、气、油、液的复杂集合体，它的整体设计优劣决定了其工作能力及可靠性。

2. 发动机各总成部件结构设计及安装布置的合理性，在汽车使用、维修保养过程中起着至关重要的作用。

汽油发动机内部构造

汽油机由机体组、曲柄连杆机构、配气机构、供给系统、润滑系统、冷却系统、点火系统和起动系统组成。

识别汽油机的明显标志是安装在进气管或缸盖上的油轨、缸盖上的点火线圈以及安装在进气管前的节气门体。

▶ 知识链接

1. 电子节气门、可变进气管、可变配气相位、电控风扇、分缸独立点火等已经不再是中高档汽车发动机才有的技术。增压以及汽油直喷技术在普通乘用车上也已大量应用。

2. 现代汽油机升功率已经很高了，在热效率以及做功能力大幅度提高的同时，对于润滑系统、冷却系统的设计要求也就更高了。

3. 很多汽油机采用铝制缸体、缸盖、活塞连杆组（甚至是全铝发动机）以满足轻量化需求，并提高散热性能。

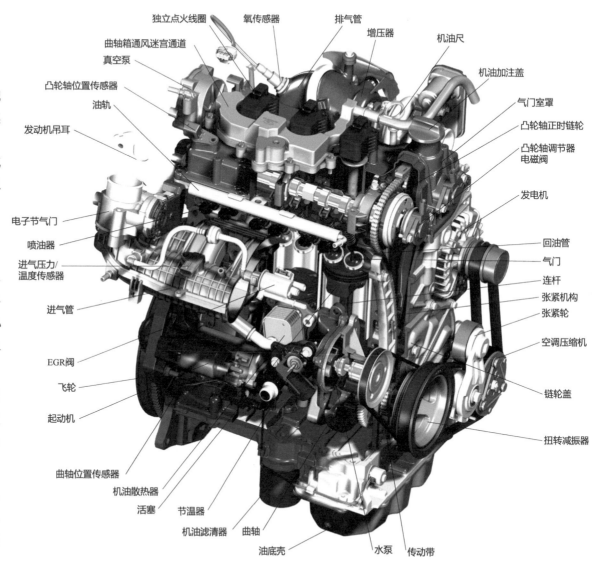

独立点火线圈　氧传感器　排气管　增压器　机油尺
曲轴箱通风迷宫通道　机油加注盖
真空泵
凸轮轴位置传感器　气门室罩
油轨　凸轮轴正时链轮
发动机吊耳　凸轮轴调节器电磁阀
发电机
电子节气门　回油管
喷油器　气门
进气压力/温度传感器　连杆
张紧机构
张紧轮
进气管　空调压缩机
EGR阀
飞轮
起动机　链轮盖
扭转减振器
曲轴位置传感器
机油散热器
活塞　节温器
机油滤清器　曲轴
油底壳　水泵　传动带

水平对置式汽油发动机外部构造

水平对置式发动机的活塞平均分布在曲轴两侧，在水平方向上左右运动，使发动机的整体高度降低、长度缩短，整车重心降低，车辆行驶更加平稳。发动机安装在整车的中心线上，两侧活塞产生的力矩相互抵消，大大降低车辆在行驶中的振动，使发动机转速得到很大提升，减少噪声。

水平对置式发动机除结构比较复杂外，润滑系统设计也比较困难，活塞上下侧磨损也不均匀。

▶ 知识链接

1. 水平对置式发动机的重心较低，同样也会降低汽车的重心，提高汽车的操控性。

2. 水平对置式发动机高度低，车辆碰撞时更容易下沉，降低进入驾驶室伤害人员的可能性。

3. 它的润滑系统设计困难，由于活塞做横向运动，将会导致其和相关部件上下磨损不一致。

4. 采用水平对置式发动机的汽车以保时捷与斯巴鲁为代表。

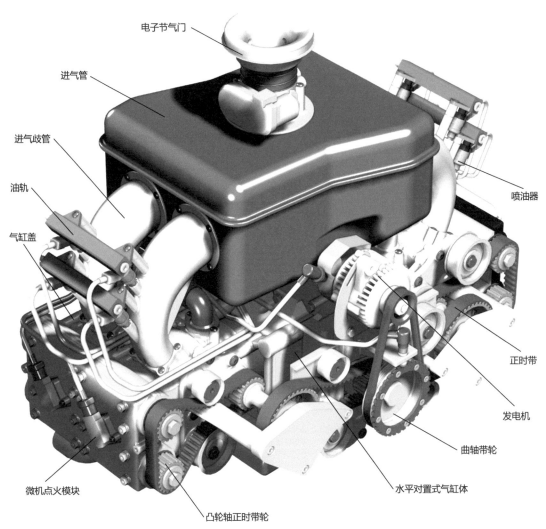

电子节气门
进气管
进气歧管
喷油器
油轨
气缸盖
正时带
发电机
曲轴带轮
水平对置式气缸体
微机点火模块
凸轮轴正时带轮

典型柴油机外部构造

柴油机是以柴油为燃料的发动机，热效率和经济性较好。它采用压缩空气的办法来提高进气温度，使其超过柴油的自燃点，这时再喷入柴油，柴油雾化后与空气形成混合气并自燃。因此，柴油发动机无需点火系统，可靠性比汽油发动机更高。由于不受爆燃的限制以及柴油自燃的需要，柴油机压缩比通常很高，热效率和经济性都优于汽油机。在相同功率的情况下，柴油机的转矩大，最大功率时的转速低，适合于载货汽车使用。

▶ 知识链接

1. 尽管柴油机没有点火系统，但它的结构不比汽油机简单，比如它的高压油泵、油管和燃油滤清器等都是汽油机（非直喷）所没有的。

2. 由于柴油机压缩比远高于汽油机，所以它的机体要比汽油机看起来更结实，也更重。

3. 传统柴油机多用于发动机纵置的汽车，其前部通常都装有带离合器的散热风扇。

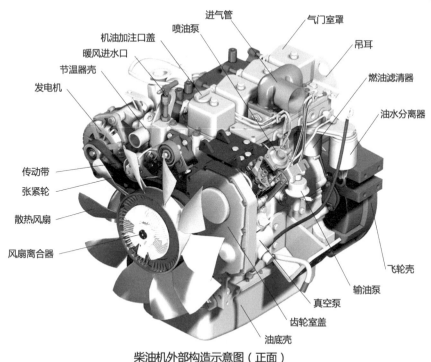

机油加注口盖　喷油泵　进气管　气门室罩　吊耳
暖风进水口
节温器壳　　　　　　　　　　　　　燃油滤清器
发电机
　　　　　　　　　　　　　　　　油水分离器
传动带
张紧轮
散热风扇
风扇离合器
　　　　　　　　　　　　飞轮壳
　　　　　　　　　输油泵
　　　　　真空泵
　　　齿轮室盖
　油底壳

柴油机外部构造示意图（正面）

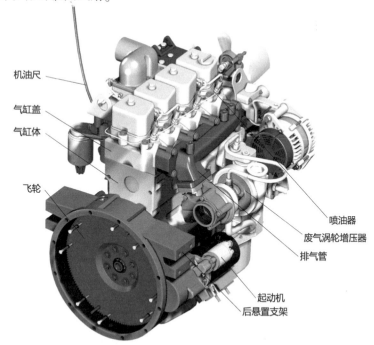

机油尺
气缸盖
气缸体
　　　　　　　　　　　　　　　喷油器
　　　　　　　　　　　　　　　废气涡轮增压器
飞轮　　　　　　　　　　　　　排气管
　　　　　　　　　　　　　起动机
　　　　　　　　　　　　后悬置支架

柴油机外部构造示意图（背面）

柴油发动机内部构造

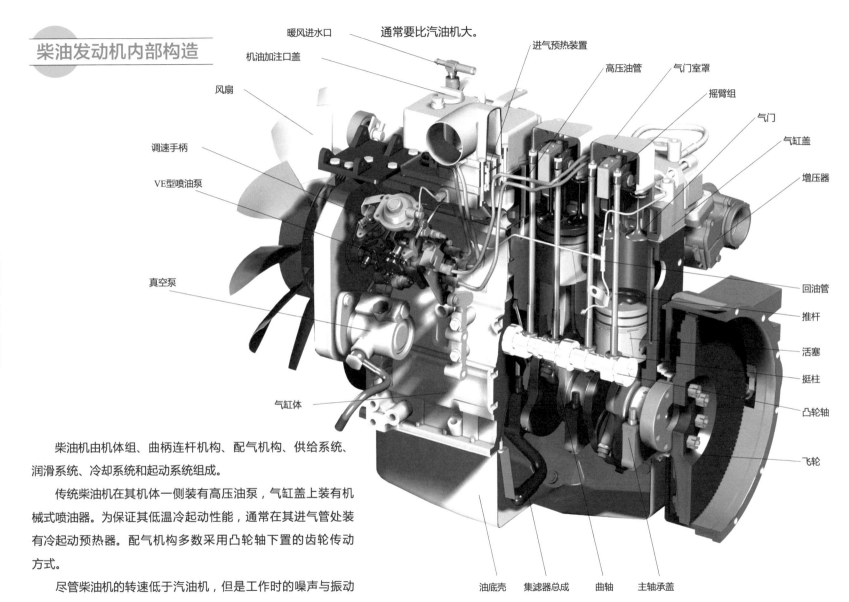

暖风进水口　　通常要比汽油机大。
机油加注口盖
进气预热装置
风扇
高压油管　气门室罩
摇臂组
调速手柄
气门
VE型喷油泵
气缸盖
增压器
真空泵
回油管
推杆
活塞
气缸体
挺柱
凸轮轴
飞轮
油底壳　集滤器总成　曲轴　主轴承盖

柴油机由机体组、曲柄连杆机构、配气机构、供给系统、润滑系统、冷却系统和起动系统组成。

传统柴油机在其机体一侧装有高压油泵，气缸盖上装有机械式喷油器。为保证其低温冷起动性能，通常在其进气管处装有冷起动预热器。配气机构多数采用凸轮轴下置的齿轮传动方式。

尽管柴油机的转速低于汽油机，但是工作时的噪声与振动

三角转子式发动机组成

三角转子发动机

三角转子式发动机气缸被偏心旋转的三角转子分成3部分,在转子的运动过程中,这3个工作室的容积不停地变化,在摆线形缸体内相继完成进气、压缩、做功和排气四个过程。

发动机转子每旋转一周就做功3次,与一般的四冲程发动机相比,具有较大的功重比。另外,由于转子的轴向运转特性,它不需要精密的曲轴平衡

就能达到较高的运转转速,平顺性更好,噪声更小。

三角转子式发动机磨损严重,零部件寿命短,与现有排放技术匹配较难,因此应用极少。

▶ 知识链接

转子式发动机曾经风靡世界,直到今天也仍是很多汽车爱好者的宠儿。但是,其低转矩、高磨损、短寿命的缺陷,限制了它的广泛应用。此外,采用转子式发动机的汽车无论从使用、保养到后期维修的代价都远远高于传统往复活塞式内燃机。不过随着材料与工艺的不断进步,或许将来会在新能源汽车比如氢动力汽车中见到它的身影。

发电机
空气滤清器
机油尺
分电器
火花塞
高压线

化油器
进气管

三角转子
平衡重
转子轴

排气管
气缸体
油底壳

三角转子式发动机剖视图

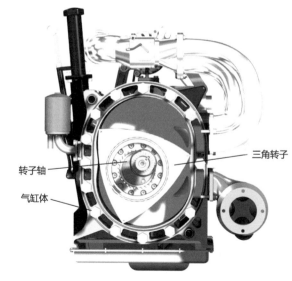

转子轴
气缸体

三角转子

三角转子式发动机转子布置

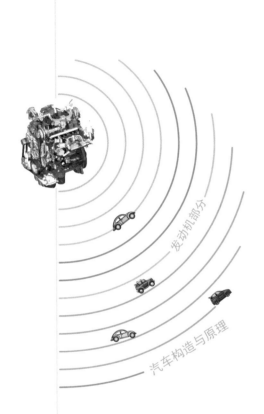

第二章

曲柄连杆机构

发动机部分

汽车构造与原理

为了便于了解和学习发动机的结构，一般把机体组放入曲柄连杆机构中进行研究。

曲柄连杆机构就是发动机的骨架加上最主要的运动机件。

曲柄连杆机构里的主要运动机件与缸体、缸盖等主体骨架损坏了，发动机就需要大修或报废了。

曲柄连杆机构的功用是把燃气作用在活塞上的力转化为曲轴对外输出的转矩。它的主要零部件可以分为三组：机体组、活塞连杆组和曲轴飞轮组。

活塞连杆组与
曲轴飞轮组

气门室罩　　　气缸盖

气缸垫

气缸套

活塞

齿轮室盖

连杆

曲轴正时齿轮

带轮　　扭转减振器　　主轴瓦　　曲轴

飞轮壳

气缸体

梯形梁

油底壳

机体组

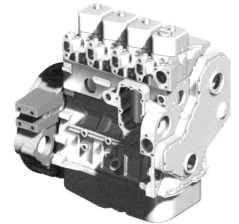

机体组总成

机体组

机体组是发动机的主体骨架，是曲柄连杆机构、配气机构和发动机各系统主要零部件的装配基体。气缸盖用来封闭气缸顶部，并与活塞顶和气缸壁一起形成燃烧室。另外，气缸盖和机体内的水套、油道以及油底壳又分别是冷却系统和润滑系统的组成部分。

▶知识链接

1. 不同的发动机机体组的组成都大同小异，更多的差异体现在材料、工艺、细微结构上。

2. 看到机体组，一个发动机的外部轮廓就已经很清楚了，它是否坚固耐用对于发动机来讲非常重要。

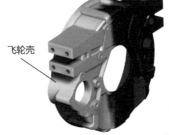

飞轮壳

气缸体

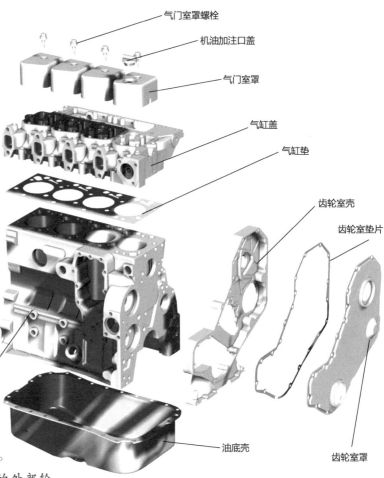

气门室罩螺栓

机油加注口盖

气门室罩

气缸盖

气缸垫

齿轮室壳

齿轮室垫片

油底壳

齿轮室罩

机体组分解图

汽车构造与原理三维图解
发动机（彩色版）

气缸体的结构形式

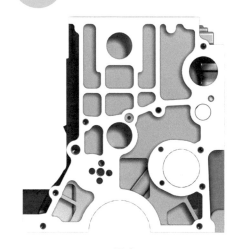

一般式

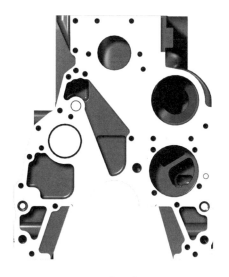

龙门式

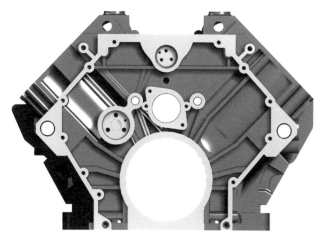

隧道式

　　一般式气缸体：是指其下表面与发动机的曲轴轴线在同一平面上的气缸体。这种机体高度小、质量小、加工方便，但与另外两种机体相比刚度较差。

　　龙门式气缸体：是指下表面下沉到曲轴轴线以下的气缸体，其下表面到曲轴轴线的距离称作龙门高度。这种气缸体刚度和强度较好，与油底壳之间的密封比较简单，但工艺性较差。

　　隧道式气缸体：是指主轴承孔不剖分的气缸体。它一般配有窄型滚动轴承，可以缩短气缸体长度，但必须采用滚动主轴承支承的组合式曲轴。隧道式机体的结构刚度更高，主轴承孔的同轴度好，但是由于大直径滚动轴承的圆周速度不能很大，而且滚动轴承价格较贵，因此限制了隧道式气缸体在高速发动机上的应用。

V 型气缸体

▶ 知识链接

　　1. 虽然一般式缸体相对小巧紧凑，但是在做功能力强的发动机上，还需要在其下方安装一个"下缸体"，以保证它下方的座孔能承受更大的力。

　　2. 隧道式气缸体非常少见，因为只有少数重型车辆发动机及一些船用发动机会使用它。这种发动机的额定转速可能只有几百转/分，甚至更低。

气缸体的布置形式

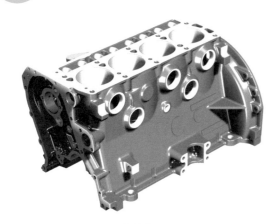

直列式

V形

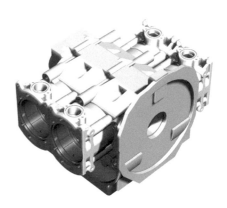

水平对置式

直列式发动机各气缸排成一列，一般是垂直布置的。这种气缸布置形式结构简单，加工容易，发动机宽度小而长度和高度较大。一般六缸以下发动机多采用直列式。

V形发动机的气缸布置成双列，这种发动机左右两列气缸中心线的夹角小于180°，这种设计可以降低发动机的高度。

水平对置式发动机气缸夹角等于180°，其高度比其他形式小得多。

▶ 知识链接

1. 直列式发动机在普通乘用车和商用车中应用最广泛。由于V形发动机工作平顺，所以在中高级乘用车和高档商用车中应用广泛。少数汽车公司如保时捷、斯巴鲁生产的汽车会采用水平对置式发动机来降低发动机重心，进而提高汽车的性能。

2. 直列式发动机可以横置或纵置在汽车前部的发动机舱中，而其他两种只能纵置在发动机舱中，纵置发动机的安全性能不如横置发动机。

3. 一般采用后两种缸体结构的发动机都是双排气系统。

汽车构造与原理三维图解　发动机（彩色版）

气缸体的结构

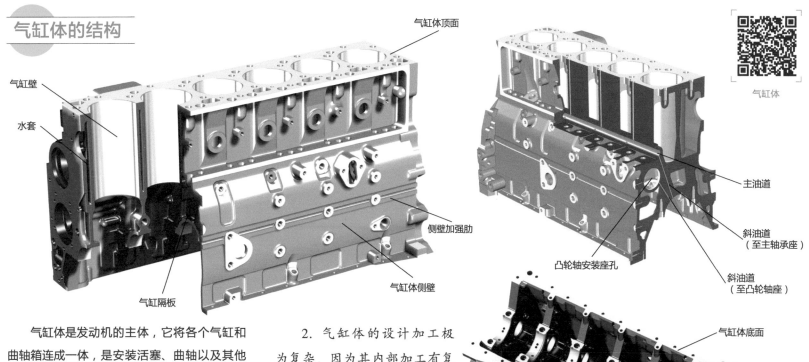

气缸壁
水套
气缸隔板
气缸体顶面
侧壁加强肋
气缸体侧壁
凸轮轴安装座孔
主油道
斜油道
（至主轴承座）
斜油道
（至凸轮轴座）
气缸体底面
主轴承座
气缸体

　　气缸体是发动机的主体，它将各个气缸和曲轴箱连成一体，是安装活塞、曲轴以及其他零件和附件的支承骨架。

　　气缸体的工作条件十分恶劣。它要承受燃烧过程中压力和温度的急剧变化以及活塞运动时产生的强烈摩擦。

▶ 知识链接

　　1. 在保证工作的前提下，气缸体要设计得轻巧紧凑，采用轻质合金和大量的加强肋是实现这一点的基础。

　　2. 气缸体的设计加工极为复杂，因为其内部加工有复杂的水套、润滑油道，虽然从外观上看不见这些内部结构，但是发动机的良好工作与这些结构是密不可分的。

　　3. 风冷发动机的缸体结构很简单，它只需保留润滑油道，并在缸体外面设计散热鳍片即可。

　　4. 国产发动机系列以气缸孔直径为依据。

气缸套

如果整个气缸体材料都采用优质耐磨材料制造，可提高其耐磨性，但将造成材料浪费和高昂的制造成本。因此，大多数发动机采用镶入气缸套的工艺，形成气缸工作表面。

气缸套分为干式和湿式两种。干式气缸套不直接与冷却液接触，壁厚一般为 2~3mm。湿式气缸套则与冷却液直接接触，用金属合金制造的壁厚一般为 5~9mm。

▶ 知识链接

1. 湿式气缸套不是柴油机独有的，很多采用铝合金缸体的高性能汽油机也用湿式气缸套。

2. 干式气缸套拆装都很困难，而湿式气缸套虽然安装过程繁琐，但并不困难。

3. 气缸套损坏后，通常可以更换。

4. 散热好的是湿式气缸套，耐用、密封性好的是干式气缸套。

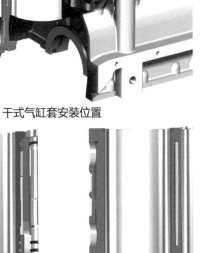

干式气缸套

干式气缸套安装位置

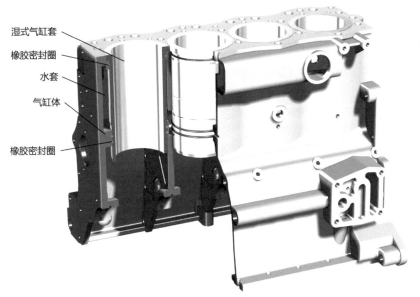

湿式气缸套
橡胶密封圈
水套
气缸体
橡胶密封圈

湿式气缸套安装位置

气缸套

湿式气缸套　　　干式气缸套

汽车构造与原理三维图解 **发动机（彩色版）**

气缸盖结构类型

气缸盖分为单体气缸盖、块状气缸盖（能覆盖部分气缸的气缸盖）和整体气缸盖（能覆盖全部气缸的气缸盖）。

采用整体气缸盖可以缩短气缸中心距和发动机的总长度，其缺点是刚性较差，在受热和受力后容易变形而影响密封。这种形式的气缸盖多用于发动机缸径小于105mm的汽油发动机上。

缸径较大的发动机常采用单体气缸盖或块状气缸盖。

▶ 知识链接

1. 整体气缸盖由于其内部水套及润滑油道相通，使发动机散热和润滑效果更好。

2. 块状和单体气缸盖的维修方便性好于第一种，尤其单体气缸盖，其维修时只需要拆装某一块气缸盖就可以完成。

3. 维修发动机时能不拆气缸盖就不要拆它。在某些发动机维护过程中，如更换正时带时，拆装的是气门室罩，不是气缸盖，这对发动机内部并没有什么影响。

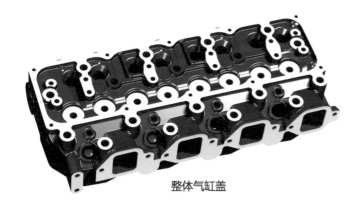

整体气缸盖

块状气缸盖

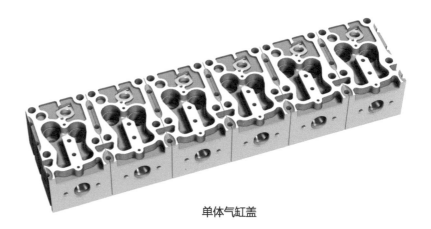

单体气缸盖

汽油机气缸盖基本构造

气缸盖的主要功用是密封气缸上部，与活塞顶部和气缸壁一起形成燃烧室，并承受气缸内的气体压力。

气缸盖是发动机中最复杂的单体零件之一，气缸盖上有进、排气门座及气门导管孔和进、排气通道等。汽油机的气缸盖还设有火花塞座孔，柴油机则设有安装喷油器的座孔。

▶ 知识链接

1. 气缸盖是发动机的重要部件，它的完好性关系到发动机寿命。

2. 更换气门油封等工作拆下来的是气缸盖上方的气门室罩，对发动机本身来讲没有影响。

3. 如果发动机内部积炭严重或出现进水等大事故，就要打开气缸盖进行维修，就像给病人做手术一样，能否恢复原有功能与发动机——维修工的水平有很大关系。

4. 不得已打开气缸盖维修发动机也无须过度担心，只要工序合理、维护得当，也没有太大的影响。

汽油机气缸盖

凸轮轴座孔
火花塞安装孔
气缸盖顶面
进气道
气缸盖底面
排气门座
进气门座
水套
燃烧室
进气门导管安装孔

汽油机气缸盖解剖图

汽油机气缸盖底部

柴油机气缸盖基本构造

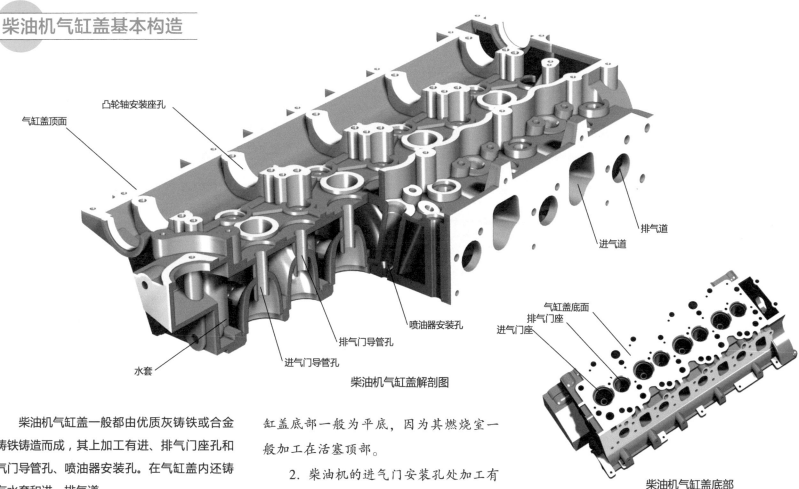

气缸盖顶面

凸轮轴安装座孔

喷油器安装孔

排气门导管孔

进气门导管孔

水套

排气道

进气道

柴油机气缸盖解剖图

气缸盖底面

排气门座

进气门座

柴油机气缸盖底部

　　柴油机气缸盖一般都由优质灰铸铁或合金铸铁铸造而成，其上加工有进、排气门座孔和气门导管孔、喷油器安装孔。在气缸盖内还铸有水套和进、排气道。

缸盖底部一般为平底，因为其燃烧室一般加工在活塞顶部。

　　2. 柴油机的进气门安装孔处加工有螺旋进气道，就像旋转楼梯一样，这样进气便以涡流方式进入到气缸中，更好地与喷入燃油混合。

▶ 知识链接

　　1. 与汽油机气缸盖相比，柴油机气

油底壳

油底壳的主要功用是储存机油并封闭曲轴箱。油底壳受力很小，一般采用薄钢板冲压而成。

油底壳形状由发动机的总体布置和机油的容量决定。为了增强油底壳内机油的散热效果，有些发动机还采用了铝合金铸造的油底壳，在油底壳的底部还铸有相应的散热肋片和稳油挡板。

▶ 知识链接

1. 油底壳一般为冲压薄板材，以前为防止托底，很多汽车在油底壳下方装有下护板。但随着发动机碰撞下沉技术的应用，越来越多的乘用车不再安装下护板。

2. 有些汽车的油底壳还装有机油温度及油位传感器。

3. 为了实现增压器在发动机停机后还能继续润滑，很多发动机在其油底壳中的机油泵提供电动延时供油功能。

油底壳

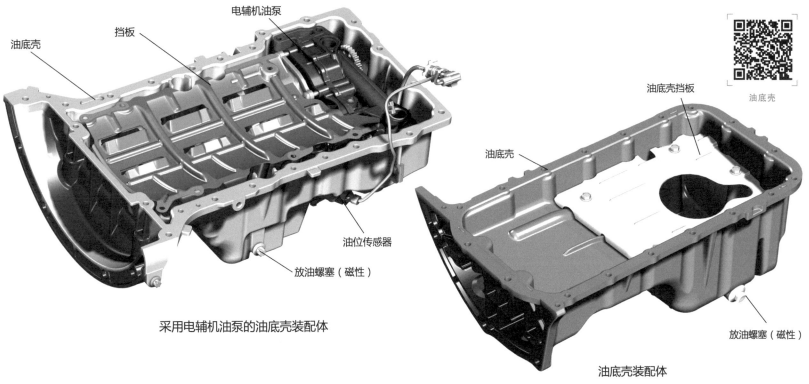

采用电辅机油泵的油底壳装配体

油底壳装配体

活塞连杆组与曲轴飞轮组

活塞通过连杆与曲轴主轴颈相连，在做功行程中活塞驱动曲轴旋转并对外输出动力，它们是发动机最主要的运动机件，也是将直线往复运动转化为旋转运动的机件。

▶ 知识链接

1. 不论发动机是直列式还是 V 形或水平对置式，也不论有多少个气缸，它的曲轴飞轮组只有一个。

2. 活塞连杆组个数与气缸数相同。

3. 它们的旋转轴（轴颈）上都装有减小摩擦的轴瓦。

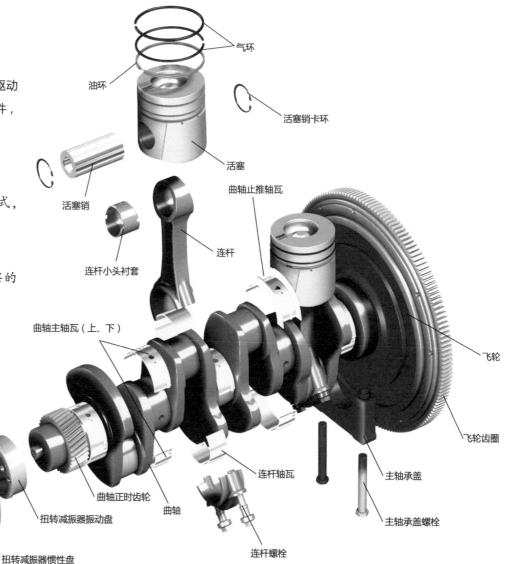

气环

油环

活塞销卡环

活塞

活塞销

连杆

连杆小头衬套

曲轴止推轴瓦

曲轴主轴瓦（上、下）

飞轮

飞轮齿圈

连杆轴瓦

主轴承盖

主轴承盖螺栓

扭转减振器紧固螺栓

扭转减振器振动盘

曲轴正时齿轮

曲轴

连杆螺栓

扭转减振器惯性盘

活塞连杆组

活塞连杆组的功用是将活塞的往复运动转换为曲轴的旋转运动，同时将作用在活塞顶部的燃烧压力转换为曲轴对外输出的转矩。它一般由活塞、活塞环、活塞销、连杆和轴瓦等机件组成。

▶ 知识链接

通常来讲，柴油机活塞从侧面看为立着的长方形，汽油机活塞则为横着的长方形，这是因为汽油机行程小、往复速度快，对活塞的导向作用要求低，对轻量化要求高，而柴油机反之。

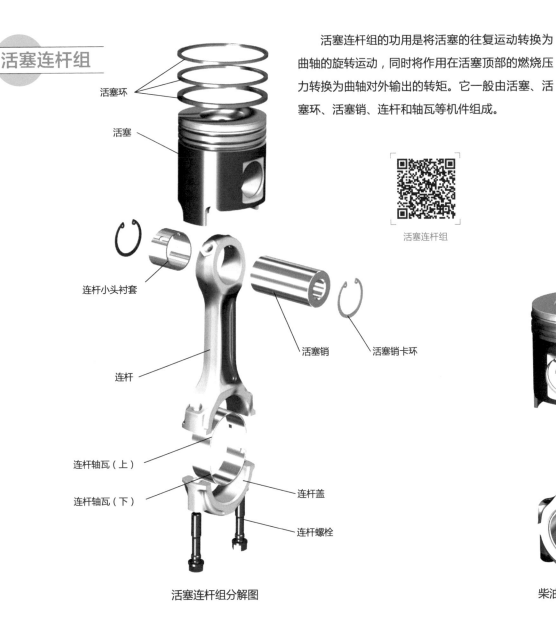

活塞环
活塞
连杆小头衬套
活塞销
活塞销卡环
连杆
连杆轴瓦（上）
连杆轴瓦（下）
连杆盖
连杆螺栓

活塞连杆组

活塞连杆组分解图

柴油机活塞连杆组

汽油机活塞连杆组

活　塞

　　活塞的主要作用是承受气缸中气体作用力，并将此力通过活塞销传给连杆，以推动曲轴旋转。

　　它的结构分为顶部、头部和裙部。活塞顶部与气缸盖、气缸壁共同组成燃烧室；头部用来安装活塞环；裙部主要用作运动导向。

▶ 知识链接

　　1. 通常平顶活塞适合四冲程汽油机，凹顶活塞适合四冲程柴油机，凸顶活塞多用于二冲程发动机。

　　2. 大部分发动机活塞由铝合金制成，因此发动机如果过热，会导致活塞变形，甚至烧毁。

　　3. 铝合金活塞裙部黑色的涂层是石墨，目的是让活塞在工作时的磨合性更好。

直喷汽油机活塞

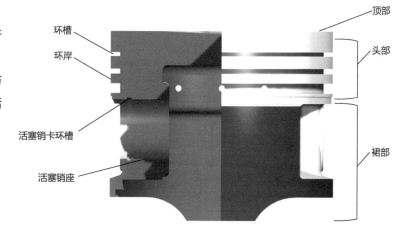

环槽
环岸
活塞销卡环槽
活塞销座
顶部
头部
裙部

活塞剖视图一

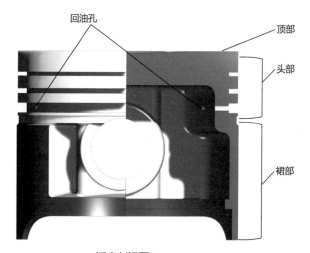

回油孔
顶部
头部
裙部

活塞剖视图二

平顶活塞

凹顶活塞

凸顶活塞

为了解决高转速发动机上活塞的机械与热负荷大幅增加的问题，防止活塞头部温度过高，不使第一道环槽加剧磨损，很多铝合金活塞在第一道环槽处镶有奥氏体铸铁耐热护圈。很多发动机还在其活塞头部设计有特定形状的机油振荡冷却通道，以实现机油内部冷却，从而降低活塞的热变形，延长活塞使用寿命。

直喷汽油机活塞顶部为弧状的曲线形，喷油器对应的活塞凹坑的开口指向进气侧，火花塞布置在中间，空气进入气缸后形成逆滚流，将喷射的燃油和蒸发的燃油送到火花塞附近。在压缩行程中，逆滚流得到加强，以利于燃烧。

1. 直喷发动机由于有稀燃和均质燃烧两种模式，因此其活塞顶部设计要满足两种燃烧模式需求。

2. 油冷活塞现在几乎已经成为高性能发动机的标配，但是大多数机油喷嘴只将机油喷射至活塞销处，而非活塞内部。

汽车构造与原理三维图解
发动机（彩色版）

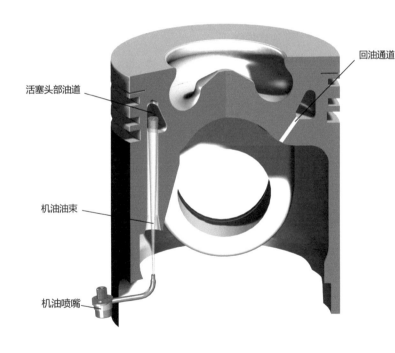

机油振荡冷却活塞

活塞环槽护圈

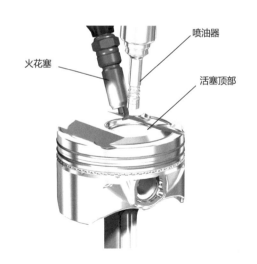

直喷汽油机活塞

活塞换向敲击

活塞销座孔的中心线一般位于活塞中心线的平面内，但是也有一些高速汽油机的活塞销孔中心线偏离活塞中心线平面。

活塞销座轴线向在做功行程中受侧向力的一面偏移了1~2mm。这是因为如果活塞销对中布置，则当活塞越过上止点时侧压力的作用方向改变，会使活塞敲击气缸壁面发出噪声。如果把活塞销偏移布置，则可使活塞较平稳地从压向气缸的一面过渡到另一面，而且过渡时刻早于达到最高燃烧压力的时刻，可以减轻活塞"敲缸"，减小噪声，提高发动机工作时的柔和性。

▶ 知识链接

1. 发动机冬季使用或冷态时噪声大，活塞的换向敲击就是原因之一。这也体现出活塞安装间隙匹配的重要性。

2. 活塞销偏置只是缓解换向敲击带来的影响，并不能完全消除敲击，在安装活塞时一定要注意方向性。

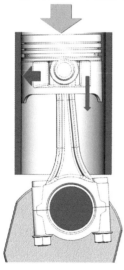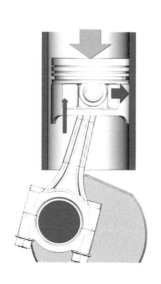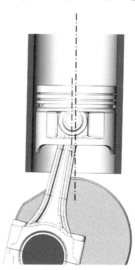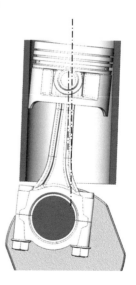

活塞销对中布置　　　　　　　　　　　　　　　　　活塞销偏移布置

活塞销

　　活塞销与活塞销座孔、连杆小头衬套孔的连接配合多采用"全浮式"结构，即在发动机运转过程中，活塞销不仅可以在连杆小头衬套孔内，还可以在活塞销座孔内转动。

　　在一些高转速汽油机中的活塞销与销座采用另一种称为"半浮式"结构，活塞销与连杆小头用螺栓紧固，或者不用螺栓，而是将连杆小头加热后再将活塞销压入，从而避免拧紧过度而使活塞销变形。采用半浮式结构连接时，活塞销只能在活塞销座孔内转动。

▶ 知识链接

　　1. 活塞销是直接受力、传力的关键部件，它工作时的完好与否会影响到连杆轴瓦甚至是曲轴轴颈的磨损情况。

　　2. 为了保证活塞销不发生变形磨损，现在发动机普遍采用机油喷嘴对活塞销进行冷却及润滑。

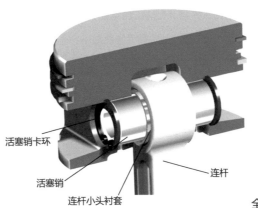

活塞销卡环

活塞销

连杆小头衬套

连杆

全浮式活塞销

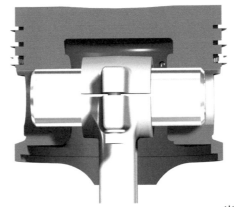

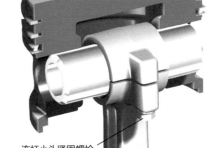

连杆小头紧固螺栓

半浮式活塞销

活塞环（气环）

活塞环是嵌入活塞沟槽内部的金属环，活塞环分为气环和油环。

气环可用来密封燃烧室内的可燃混合气；油环则用来刮除气缸上多余的机油。

活塞环是一种具有较大向外扩张变形的金属弹性环，装配在环形槽内。做往复和旋转运动的活塞环，依靠其张力及背压，在环外圆面和气缸以及环和环槽的一个侧面之间形成密封。

▶ 知识链接

1. 气环有很多种类，每个活塞上的多道气环并不能单独使用某一种，往往都是两种以上搭配使用。

2. 单独用矩形环易泵油。为保证密封，刮油效果好的扭曲环不能单独使用。扭曲环的安装还有方向要求。梯形环自洁作用好，桶面环磨合性好。

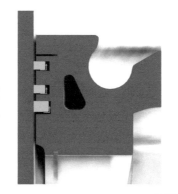

矩形环及其泵油作用

气环

油环

活塞环槽

活塞

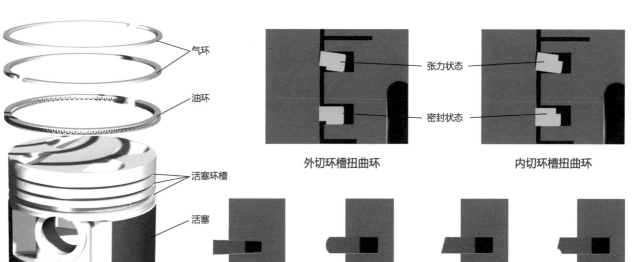

外切环槽扭曲环　　　　　　内切环槽扭曲环

张力状态

密封状态

活塞环与活塞　　　　　梯形环　　　　桶面环　　　　锥面环　　　　鼻形环

活塞环（油环）

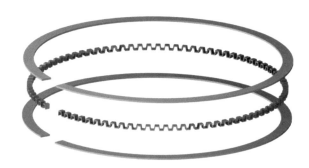

组合式油环

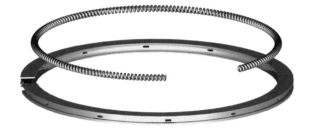

弹簧胀圈式油环

为了获得更大的径向压力，提高刮油能力和对气缸失圆的适应性，有些发动机在普通槽孔式油环内面安装有弹簧胀圈。

组合式油环的钢片环很薄，刮油作用好；刮油片各自独立（环口要错开一定的角度），故对气缸的适应性好，质量小，回油通路大。因此，组合式油环在高转速发动机上得到较广泛的应用。

▶知识链接

活塞环工作时，既要保证能把部分机油带到摩擦表面中，又要保证活塞下行时把多余机油刮下来。活塞环是发动机中磨损最严重的部件之一，也是易损件之一，应尽可能地按时间或里程保养发动机，让易损件在发动机全寿命期内工作。

连 杆

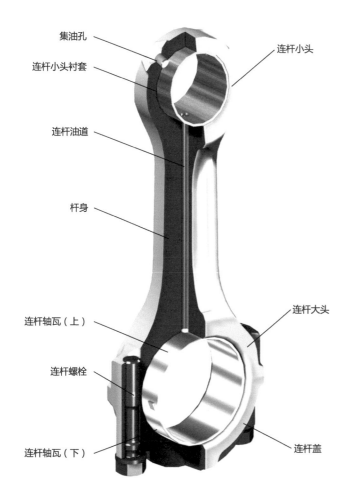

集油孔

连杆小头衬套

连杆油道

杆身

连杆轴瓦（上）

连杆螺栓

连杆轴瓦（下）

连杆小头

连杆大头

连杆盖

V 型发动机
连杆布置

导颈螺栓

平切口连杆定位方式

连杆的功用是连接活塞与曲轴，并将承受的力传给曲轴，使活塞的直线往复运动转变为曲轴的旋转运动。连杆由连杆小头、杆身、连杆大头和连杆盖组成。连杆小头与活塞销相连，连杆大头与曲轴相连。

连杆大头按照剖分方式分为平切口与斜切口。无论从受力还是制造看，平切口好于斜切口。但是柴油机及部分强化汽油机连杆大头尺寸大，导致无法安装，只能采用斜切口。

▶ **知识链接**

1. 现今更多的发动机采用将连杆胀断形成定位切口，这样可以消除连杆的加工应力。

2. 各缸的活塞连杆组不能互换，连杆的杆身与大头盖也不能互换，这是发动机维修的基本常识。

3. 激烈的驾驶方式、发动机保养不到位，都会导致连杆轴瓦过度磨损、粘连，也就是常说的"抱瓦"现象。

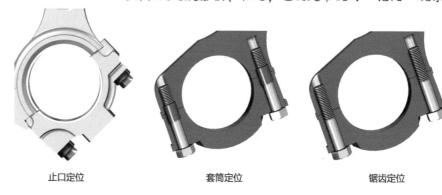

止口定位

套筒定位

锯齿定位

斜切口连杆定位方式

曲轴飞轮组

曲轴飞轮组主要由曲轴、飞轮以及装在曲轴上的扭转减振器、带轮、正时齿轮（或链轮）、止推垫片等附件组成，其零件和附件的种类和数量取决于发动机的结构和性能要求。

▶知识链接

1. 带轮（扭转减振器）安装在发动机前方，飞轮则安装在发动机后方。

2. 作为发动机中质量最大的运动组件，它的完好性对发动机正常工作极为重要。如果曲轴飞轮组损坏，对于发动机来讲是严重问题。

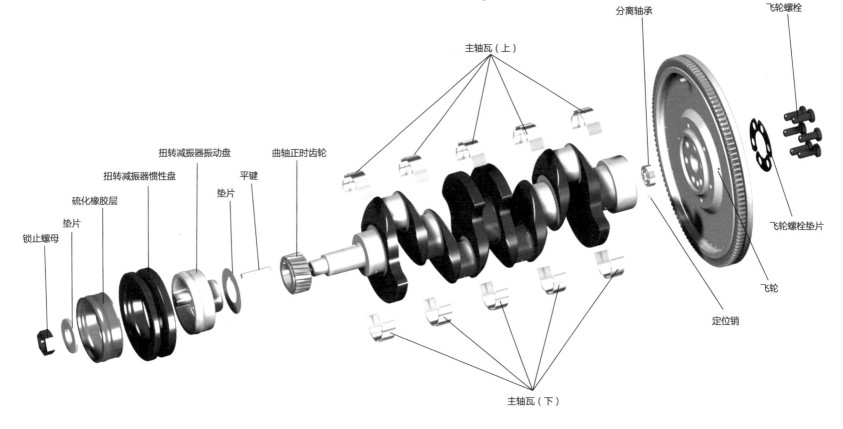

锁止螺母　垫片　硫化橡胶层　扭转减振器惯性盘　扭转减振器振动盘　平键　垫片　曲轴正时齿轮　主轴瓦（上）　分离轴承　飞轮螺栓　飞轮螺栓垫片　飞轮　定位销　主轴瓦（下）

发动机（彩色版）　汽车构造与原理三维图解

曲　轴

曲轴的功用是承受连杆传来的力，并将其转变为转矩对外输出。另外，曲轴还用来驱动发动机的配气机构及其他各种辅助装置，如发电机、风扇、水泵、机油泵等。

根据连杆轴颈与主轴颈个数关系，曲轴分为全支承与非全支承曲轴。一些对发动机长度有限制的发动机会采用非全支承曲轴。

▶知识链接

1. 曲轴是发动机靠机械传动附件的动力源。

2. 曲轴常见损伤形式是轴颈磨损、划伤、擦伤、腐蚀、裂纹、弯曲、扭曲、折断及组合式曲轴套合处的滑移等。

曲轴

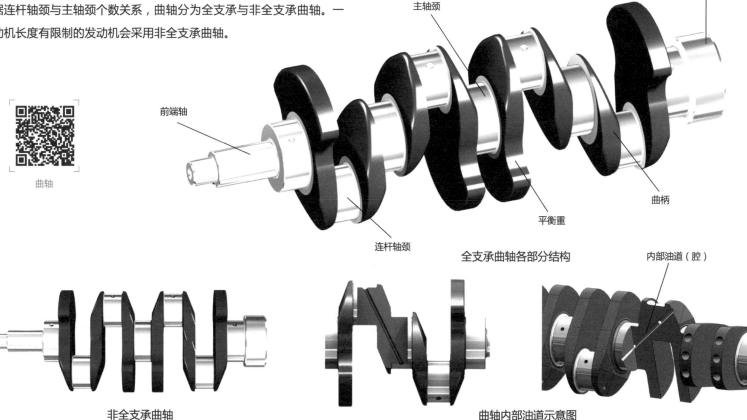

全支承曲轴各部分结构

非全支承曲轴

曲轴内部油道示意图

曲轴限位

发动机工作时，曲轴经常受到离合器施加于飞轮的轴向力作用而有轴向窜动的趋势。曲轴窜动将破坏曲柄连杆机构各零件正确的相对位置，故必须用推力轴承（一般是滑动轴承）加以限制。而在曲轴受热膨胀时，又应允许它能自由伸长，所以曲轴上只能有一处设置轴向定位装置。

▶ **知识链接**

1. 止推垫圈除了有限位作用，它还具有类似气缸套的功能，就是尽可能地保护气缸体的易摩擦部位。

2. 如果止推垫圈磨损，对于发动机来讲就是一个复杂的解体维修过程了。

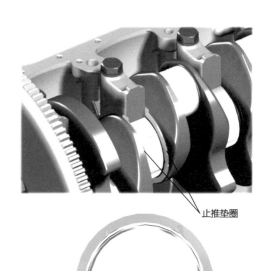

止推垫圈

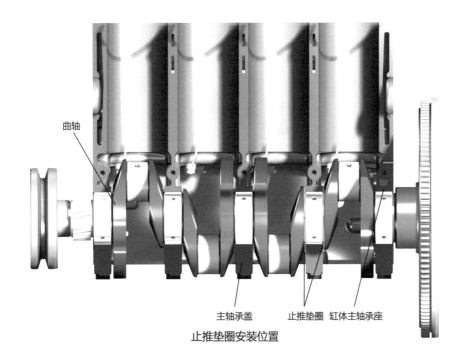

曲轴

主轴承盖　止推垫圈　缸体主轴承座

止推垫圈安装位置

止推垫圈与轴瓦

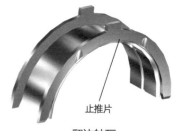

止推片

翻边轴瓦

汽车构造与原理三维图解

发动机（彩色版）

扭转减振器及飞轮

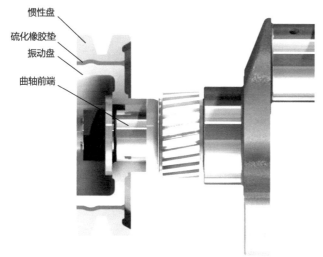

惯性盘
硫化橡胶垫
振动盘
曲轴前端

橡胶摩擦式扭转减振器

飞轮是一个转动惯量很大的圆盘，其主要功用是将在做功行程中曲轴做功时的一部分动能储存起来，用以在其他行程中克服阻力，带动曲柄连杆机构越过上、下止点，保证曲轴的旋转角速度和输出转矩尽可能均匀，并使发动机有可能克服短时间的超负荷。此外，在结构上，飞轮又往往用作汽车传动系统中摩擦离合器的驱动件。

汽车发动机常用的曲轴扭转减振器是摩擦式减振器，其工作原理是使曲轴扭转振动能量逐渐消耗于减振器内的摩擦，从而使振幅逐渐减小。

橡胶摩擦式扭转减振器是利用橡胶垫变形而产生的橡胶内部的分子摩擦，消耗扭转振动能量，使整个曲轴的扭转振幅减小，把曲轴共振转速移向更高的转速区域内，从而避免在常用的转速内出现共振。

▶ 知识链接

1. 摩擦式扭转减振器和曲轴前的带轮装配为一体。

2. 有些大型柴油机采用硅油式扭转减振器，从外观上看就是一个小飞轮，它的工作原理和摩擦式扭转减振器相近，只是吸收能量的介质为黏度较大的硅油。

3. 一般来说，手动档车辆的飞轮是要和离合器摩擦传递动力的，因此飞轮的体积和质量都偏大，而采用液力变矩器的自动变速器则不需要这么大的飞轮。此外，很多跑车的高性能发动机飞轮甚至是镂空的，这是为了减小运动部件质量进而让发动机转速更高一些。

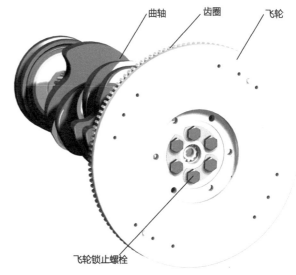

曲轴　　齿圈　　飞轮

飞轮锁止螺栓

飞轮

发动机传动带及驱动

发动机的主要附件都是由曲轴通过传动带来驱动的，由张紧轮保证传动带的正常驱动，一般汽车行驶 8~10 万 km 就需要更换传动带。

▶ **知识链接**

1. 很多人会将发动机传动带与配气机构的正时齿形带混淆。正时齿形带有传动齿以保证正确的传动比，传动带则不需要。

2. 发动机传动带理论上即使快断了等一等再更换也来得及（不推荐），但是正时齿形带则不然，行驶里程或时间到了必须更换。

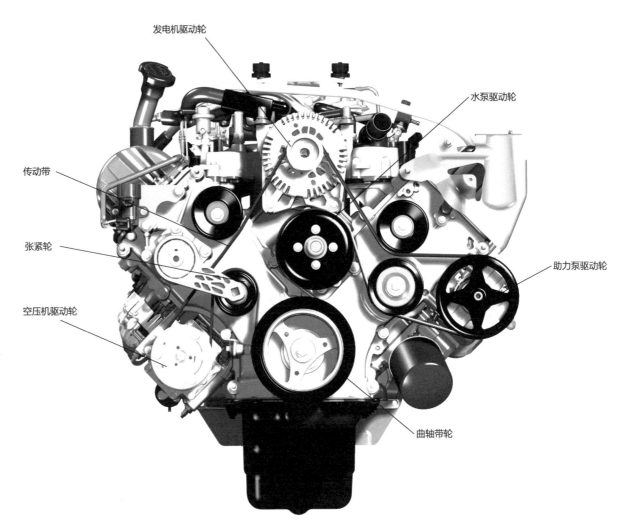

发电机驱动轮

水泵驱动轮

传动带

张紧轮

助力泵驱动轮

空压机驱动轮

曲轴带轮

平衡轴

平衡轴用来平衡和减少发动机的振动，降低发动机的噪声，延长发动机使用寿命，提升乘车的舒适性。双平衡轴和单平衡轴在车用发动机上都有应用，其工作原理相同。

双平衡轴采用链传动方式带动两根平衡轴转动，其中一根平衡轴与发动机的转速相同，可以消除发动机的一阶振动；另一根平衡轴的转速是发动机转速的 2 倍，可以消除发动机的二阶振动，达到理想的减振效果。双平衡轴方式较为复杂，成本高，会占用发动机的一部分空间。

▶ **知识链接**

1. 平衡轴不是万能的，一些三缸发动机即使安装了平衡轴，其抖动仍然比四缸以上发动机大，尤其是在车辆起步时。

2. 平衡轴的设计匹配比较复杂，这会增加发动机的制造成本，通常只有中高档乘用车才会采用这种技术。

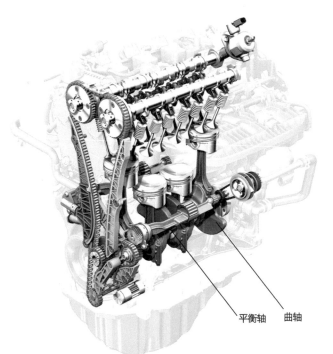

平衡轴在发动机中的布置

平衡轴　曲轴

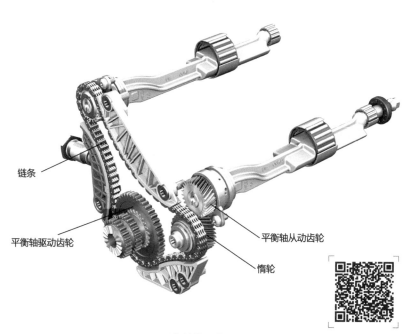

链条

平衡轴驱动齿轮

平衡轴从动齿轮

惰轮

平衡轴的工作原理

单平衡轴

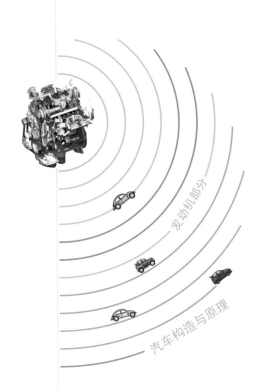

发动机部分

汽车构造与原理

第三章

配气机构

齿轮传动配气机构

发动机配气机构的功用是根据每一气缸内进行的工作循环顺序，定时地开启和关闭各气缸的进、排气门，以保证新鲜可燃混合气（汽油机，直喷型除外）或空气（柴油机）得以及时进入气缸并把燃烧后生成的废气及时排出气缸。

凸轮轴下置齿轮传动配气机构

▶ 知识链接

1. 配气机构功用可以总结为保证"进气充足、排气彻底"。

2. 配气机构类似于人类的呼吸系统，保证发动机在不同转速、负荷下对进排气量的控制。

3. 凸轮轴下置齿轮传动配气机构一般用于转速不高的老式汽油机或柴油机中。

4. 齿轮传动与链条或齿形带传动相比，传动精度更高，耐用性更好，也不需要复杂的张紧机构。

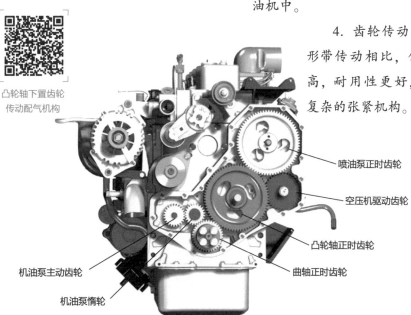

发动机齿轮传动系统

- 喷油泵正时齿轮
- 空压机驱动齿轮
- 凸轮轴正时齿轮
- 曲轴正时齿轮
- 机油泵主动齿轮
- 机油泵惰轮

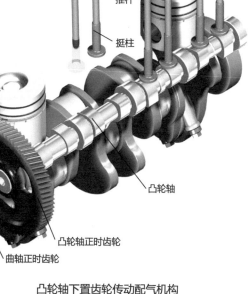

凸轮轴下置齿轮传动配气机构

- 摇臂轴座
- 气门间隙调整螺钉
- 摇臂轴
- 摇臂
- 气门弹簧座
- 进气门
- 气门弹簧
- 排气门
- 推杆
- 挺柱
- 凸轮轴
- 凸轮轴正时齿轮
- 曲轴正时齿轮

配气相位与正时标记

为表示方便，一般用曲轴转角表示的进、排气门实际开闭时刻和开启持续时间，称为配气相位，也叫配气定时。

进气门提前开启，可以增大进气行程开始时气门的开启高度，减小进气阻力，增加进气量，使新鲜气体能顺利地充入气缸。进气门迟后关闭，可以利用气流惯性和压力差继续进气，延长进气时间，增加进气量。排气门提前开启，使排气行程所消耗的功率大为减小，使排气干净。排气门迟后关闭，

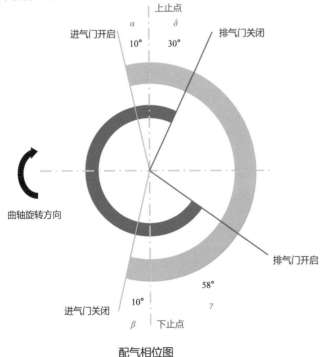

配气相位图

可以利用气流惯性和压力差，延长排气时间，把废气排放得更干净。

气门重叠角：进气门提前角＋排气门延迟角（α＋δ）。

▶知识链接

1. 任何工况下，在理论上都有最适合的配气定时，传统发动机只能综合考虑将其设计在相对最优的角度下。

2. 现今大部分汽油机都已经采用可变配气相位技术，以满足不同工况下发动机的工作需求。

3. 发动机配气机构维修后，必须对齐各正时标记。

发动机正时记号示意图

气门的开闭过程

现代发动机进气门和排气门都装在气缸盖上,凸轮轴装在上曲轴箱内。发动机工作时,曲轴通过正时齿轮驱动凸轮轴旋转,当凸轮轴转到凸轮的凸起部分顶起挺柱时,通过推杆使摇臂绕摇臂轴摆动,压缩气门弹簧,使气门离座,即气门开启。当凸轮凸起部分离开挺柱后,气门便在气门弹簧力作用下回位而落座,气门关闭。

▶ 知识链接

1. 曲轴每转 2 周,进、排气门各开启 1 次,也就意味着凸轮轴只转 1 周。因此,配气机构凸轮轴的转速为发动机转速的一半,它的正时齿轮齿数是曲轴正时齿轮齿数的 2 倍。

2. 不同气缸的同名凸轮的夹角是工作间隔角的一半,而同一气缸的进气门凸轮与排气门凸轮的夹角是 90° 加气门重叠角的一半。

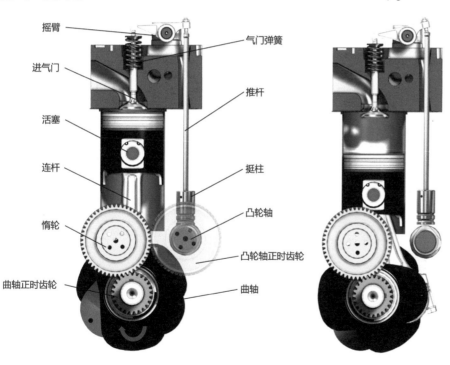

摇臂　气门弹簧　进气门　推杆　活塞　挺柱　连杆　凸轮轴　惰轮　凸轮轴正时齿轮　曲轴正时齿轮　曲轴

气门关闭(进气开始)　　气门完全打开　　气门关闭(进气结束)

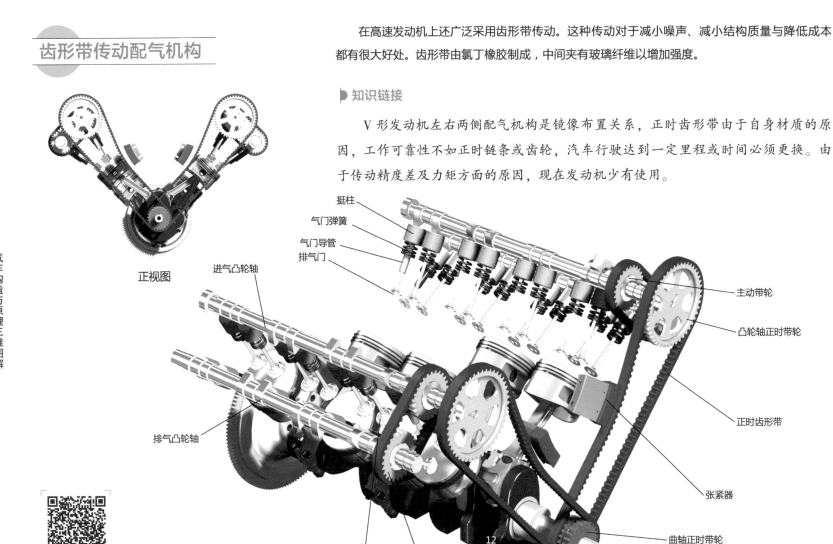

齿形带传动配气机构

在高速发动机上还广泛采用齿形带传动。这种传动对于减小噪声、减小结构质量与降低成本都有很大好处。齿形带由氯丁橡胶制成，中间夹有玻璃纤维以增加强度。

▶ 知识链接

V形发动机左右两侧配气机构是镜像布置关系，正时齿形带由于自身材质的原因，工作可靠性不如正时链条或齿轮，汽车行驶达到一定里程或时间必须更换。由于传动精度差及力矩方面的原因，现在发动机少有使用。

正视图

挺柱
气门弹簧
气门导管
排气门

进气凸轮轴
排气凸轮轴

主动带轮
凸轮轴正时带轮
正时齿形带
张紧器
曲轴正时带轮

进气门
从动带轮

采用齿形带传动的V形发动机配气机构

V型发动机
齿形带配气结构

链条传动配气机构

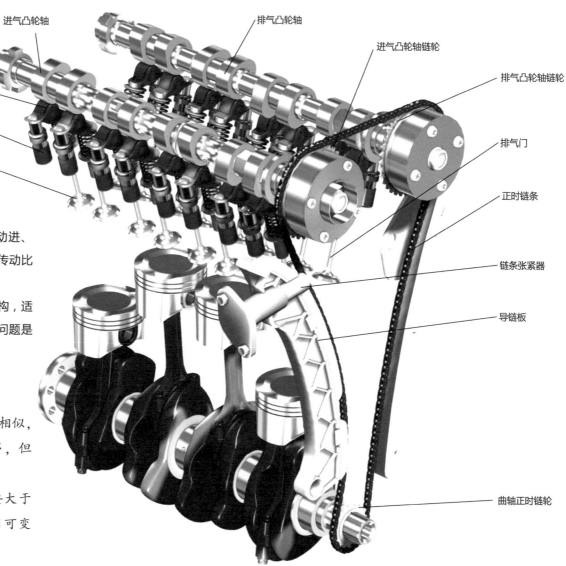

进气凸轮轴

排气凸轮轴

进气凸轮轴链轮

摇臂

排气凸轮轴链轮

液力挺柱

排气门

进气门

正时链条

链条张紧器

导链板

曲轴正时链轮

曲轴通过正时链轮和特制的正时链条驱动进、排气凸轮轴链轮，进而实现气门开闭。它的传动比仍然是2：1。

链条传动特别适合于凸轮轴上置式配气机构，适用于高速发动机，并降低传动噪声，但其主要问题是工作可靠性和耐久性不如齿轮传动。

▶ 知识链接

1. 链条传动与齿形带传动工作原理相似，只是链条传动精度比齿形带传动好得多，但两者必须都要有可靠的张紧机构。

2. 链条传动的配气机构工作噪声要大于齿形带传动，而且链条传动更适合采用可变配气技术的发动机。

顶置凸轮轴配气机构

　　凸轮轴上置式（也叫顶置式）配气机构中的凸轮轴布置在气缸盖上。在这种结构中，有的通过凸轮轴推动液力挺柱，再推动摆臂来驱动气门，或通过凸轮轴直接推动摇臂，由摇臂驱动气门。这种传动机构不设推杆，减小了运动质量，整个机构刚度较大，适用于高转速发动机。但是由于凸轮轴距离曲轴中心线更远，使得凸轮轴传动机构更为复杂，而且拆装气缸盖也比较困难。对于小缸径柴油机，这也给拆装喷油器带来困难。

　　上置凸轮轴的另一种形式是由凸轮轴直接驱动气门。这种配气机构的往复运动质量最小，对凸轮轴和弹簧的要求也最低，所以特别适合于高转速强化发动机，因此在现代发动机上得到了广泛应用。

▶ 知识链接

　1. 凸轮轴顶置摆臂驱动方式现在已经成为主流汽油机的标配，它工作可靠，并且液力挺柱用油的油道设计方便。

　2. 凸轮轴顶置直接驱动为了满足气门的开启高度，必须将凸轮做得又高又尖，这样降低了传动精度，也使凸轮更易磨损。

　3. 凸轮轴顶置的另一个好处是使得双凸轮轴即进、排气凸轮分离的设计应用更加便捷。

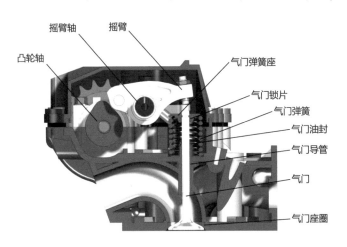

凸轮轴顶置摇臂驱动

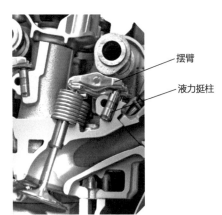

凸轮轴顶置摆臂驱动

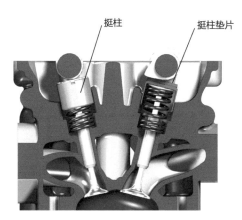

凸轮轴顶置直接驱动

配气机构多气门结构

一般发动机都采用每缸两气门，即一个进气门和一个排气门的结构。为了进一步改善气缸的换气性能，一般会尽量增大进气门头部的直径。目前汽油机上普遍采用每缸多气门结构。气门数目的增多，使发动机的进、排气通道的横截面积大大增加，提高了发动机的充气效率，改善了发动机的动力性能。

▶ 知识链接

为了提高柴油机的动力性能，越来越多的柴油机也采用四气门结构。但是并非气门越多越好，例如五气门发动机虽然进气通道的面积增加了，但是由于三个气门不在一个凸轮的传动中线上，使得配气机构设计更为复杂，故障率也因此升高，维修方便性下降。

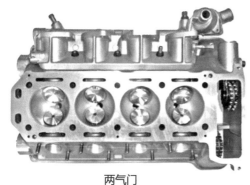

两气门

三气门

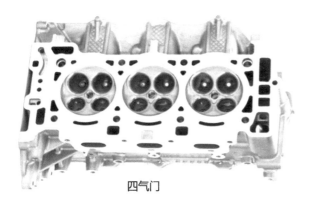

四气门

五气门

第三章
配气机构

气门组

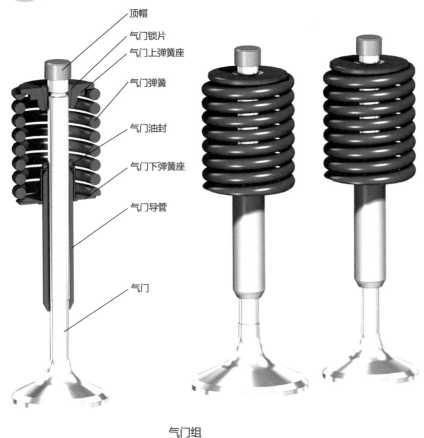

顶帽
气门锁片
气门上弹簧座
气门弹簧
气门油封
气门下弹簧座
气门导管
气门

气门组

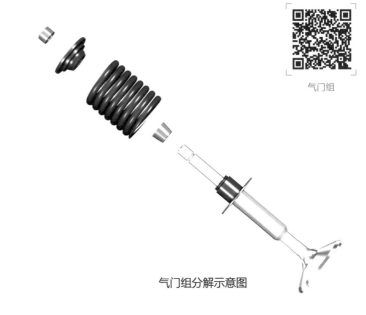

气门组分解示意图

气门组

气门组应保证气门能够实现气缸的密封，主要包括气门、气门导管、气门座圈和气门弹簧等零件。

▶ 知识链接

1. 气门的锁止原理非常巧妙，这种锁片结构既方便安装，又能保证气门弹簧与气门不会从弹簧座中脱离。

2. 气门弹簧可以通过双弹簧、不等螺距等设计防止其在工作时产生共振。一旦气门弹簧损坏，气门直接掉入燃烧室，这可能会导致缸体、缸盖和活塞损坏。

3. 气门油封非常重要，一旦它失效，润滑油通过导管与气门杆缝隙流入燃烧室，会导致发动机积炭严重，积炭不均甚至会导致气门弯曲。

气门结构

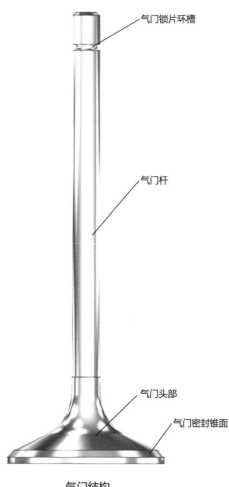

气门结构

平顶气门

凹顶气门

凸顶气门

气门的主要结构类型

气门锁片环槽

气门杆

气门头部

气门密封锥面

金属钠

充钠气门

气门头部的形状有平顶、凹顶和凸顶。平顶气门头结构简单，制造容易，吸热面积较小，质量小，进、排气门均可采用。凹顶头部与杆部的过渡部分具有一定的流线形，气流流通较便利，可减小进气阻力，但其顶部受热面积较大，故多用于进气门。凸顶气门头部，其强度高，排气阻力小，废气清除效果好，多用于排气门。

▶ 知识链接

1. 一些高性能发动机的气门采用空腔充钠技术。气门工作时液态金属钠迅速将气门头部热量传递给气门杆，但是这种气门成本很高。

2. 气门烧蚀、变形和积炭是气门损坏的主要形式，尤其直喷汽油机，气门处由于少了进气道喷油器的清洗作用，因此积炭更为严重。

3. 只要养成良好的驾驶习惯并正常地保养发动机，就不会损坏气门。

气门座圈

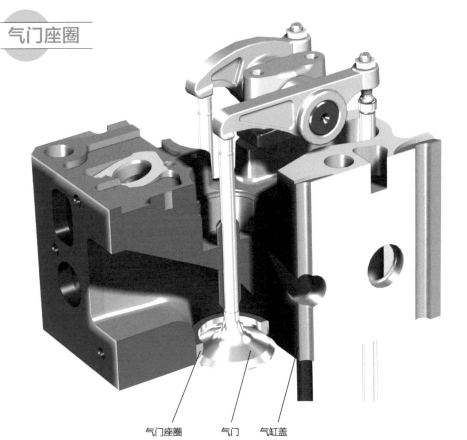

气门座圈　气门　气缸盖

大锥角气门座圈

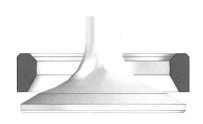

小锥角气门座圈

气门座圈可在气缸盖（当气门顶置时）或气缸体（当气门侧置时）上直接镗出。它与气门头部共同对气缸起密封作用，并接受气门传来的热量。气门座圈在高温下工作，磨损严重，所以有不少发动机的气门座圈用较好的材料（合金铸铁、奥氏体钢等）单独制作，然后镶嵌到气缸盖或气缸体上。

▶知识链接

1. 气门座圈的作用类似气缸套、气门导管等部件，有了它就可以延长铝制气缸盖的使用寿命。

2. 有些超级跑车会用专门的机器人安装气门座圈，足以体现这个小部件的重要性。

气门间隙

发动机工作时，气门、推杆和挺柱等零件会因温度升高而膨胀。如果气门及其传动件之间，在冷态时无间隙或间隙过小，则在热态下，气门及其传动件的受热膨胀势必会引起气门关闭不严，造成发动机在压缩和做功行程中漏气，从而使功率下降，严重时甚至不易起动。

为保证气门关闭严密，通常发动机在室温下（冷态）装配时，在气门杆尾端与气门驱动零件（摇臂、挺柱和凸轮）之间留有适当的间隙，该间隙称为气门间隙。

▶ 知识链接

1. 不论发动机有没有采用液力挺柱，气门杆受热必然膨胀，因此必须留有视觉能看到的间隙或由液压机构来退让这个膨胀量。

2. 没有采用液力挺柱的车辆每行驶一定里程，就要调整气门间隙，气门间隙的调整必须严格按照操作规程和要求进行。

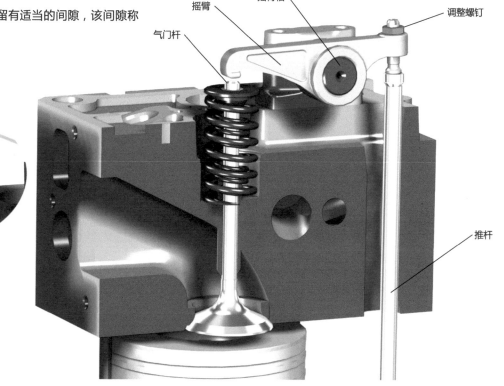

气门间隙

摇臂

摇臂轴

气门杆

调整螺钉

推杆

凸轮轴

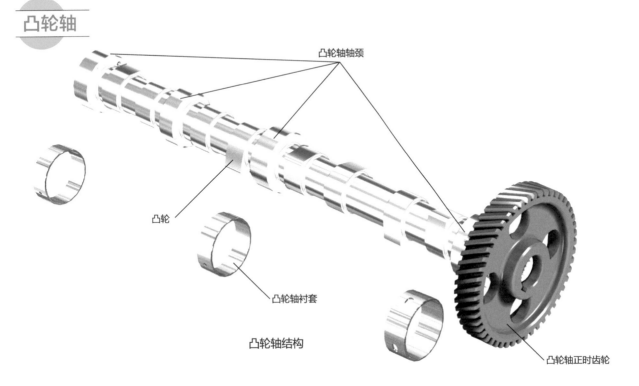

凸轮轴轴颈

凸轮

凸轮轴衬套

凸轮轴结构

凸轮轴正时齿轮

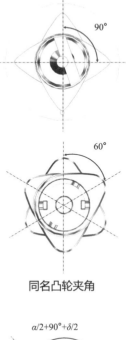

90°

同名凸轮夹角

60°

$\alpha/2+90°+\delta/2$

异名凸轮夹角

凸轮轴上主要配置有各缸进、排气凸轮，用以使气门按一定的工作次序和配气相位及时开闭，并保证气门有足够的升程。此外，多数汽油机凸轮轴上还配置有偏心轮和斜齿轮，分别用来驱动汽油泵和分电器。

▶ 知识链接

1. 现代汽油机多采用四气门结构，对于顶置凸轮轴来讲，双凸轮轴更有利于多气门控制，而且要实现可变配气相位必须采用双凸轮轴。

2. 同一气缸的进气门凸轮与排气门凸轮夹角并不是90°，对于单凸轮轴来讲，这个夹角是通过加工实现的；对于双顶置凸轮轴来讲，这个夹角是通过安装实现的。

汽车构造与原理三维图解
发动机（彩色版）

液力挺柱的结构

热膨胀造成的气门关闭不严问题可用预留气门间隙的方法来解决。但由于气门间隙的存在，发动机工作时，配气机构将会产生冲击，进而发出响声。为了解决这一矛盾，高转速发动机上采用了液力挺柱，在工作时通过液压方式消除气门间隙。

▶ 知识链接

1. 液力挺柱的工作用油来自于发动机润滑油，挺柱体的油孔对准气缸盖上的横向油道。

2. 液力挺柱消除了气门间隙带来的拍击声，因此已经成为对于舒适性和降噪要求较高的乘用车发动机的标配。

3. 液力挺柱的结构多种多样，现今大部分发动机都已使用左图所示的摆臂驱动液力挺柱。

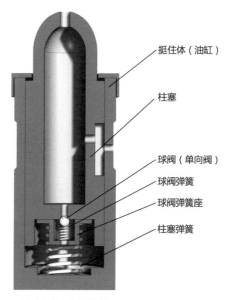

挺住体（油缸）
柱塞
球阀（单向阀）
球阀弹簧
球阀弹簧座
柱塞弹簧

液力挺柱内部构造

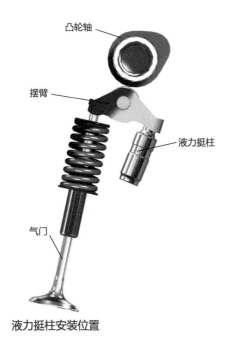

凸轮轴
摆臂
液力挺柱
气门

液力挺柱安装位置

自由阶段（球阀开）

刚性阶段（球阀关）

液力挺柱

液力挺柱工作原理

液力挺柱布置示意图

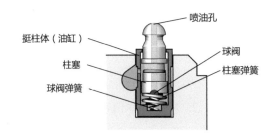

喷油孔
挺柱体（油缸）
柱塞
球阀弹簧
球阀
柱塞弹簧

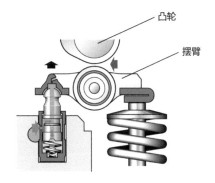

凸轮
摆臂

气门间隙消除过程

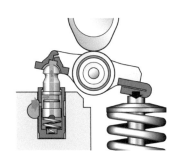

气门开启过程

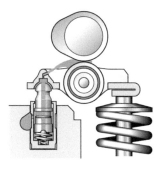

凸轮与滚子处的飞溅润滑

摆臂工作范围

▶ 知识链接

工作过程：若气门受热膨胀，挺柱回落后向挺柱体腔内的补油，便会减小补油量（工作过程中）或使挺柱体腔内的油液从柱塞与挺柱体间隙中泄漏一部分（停车时），从而使挺柱自动"缩短"，因此可不留气门间隙而仍能保证气门的关闭状态。

1. 一些发动机液力挺柱顶部加工有喷油孔，就是为了喷射机油让凸轮得到润滑。

2. 不正确的保养尤其是机油长时间不更换，会让液力挺柱卡死，产生异响、单向阀关闭不严等故障，这样会影响发动机的正常工作。

汽车构造与原理三维图解
发动机（彩色版）

摇臂组件

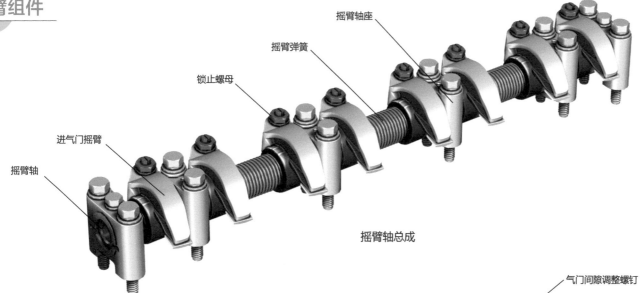

摇臂轴座

摇臂弹簧

锁止螺母

进气门摇臂

摇臂轴

摇臂轴总成

　　摇臂是一个中间带有圆孔的不等长双臂杠杆，其作用是将推杆传来的力改变方向，作用到气门杆尾部使其压开气门。

　　摇臂的长臂端部以圆弧形的工作面与气门尾端接触用以推动气门。短臂的端部有螺孔，用来安装调整螺钉及锁紧螺母，以调整气门间隙。

▶ 知识链接

　　1. 摇臂除了传动换向用以外，它的不等臂设计会让较小的凸轮升程带来较大的气门开启，这样有利于进气与排气的充足与彻底。

　　2. 在四气门发动机普遍应用的今天，摇臂这种结构已经渐渐从汽油机中消失，只有中重型柴油机还应用这种结构。

气门间隙调整螺钉

摇臂衬套

摇臂总成

链条式可变配气机构

通过电控液压活塞将油压作用于与链条张紧器一体的调整器，进而完成凸轮轴调整。

转速升高，调整功率时，链条下部短，上部伸长，进气门延迟关闭，提早打开。

转速降低时，凸轮轴调整器向下拉长，于是链条上部变短，下部伸长，在中低转速，可获得大转矩输出。

▶ 知识链接

1. 这种可变配气机构由于其控制策略不够完善，虽然已不再应用，但是现今的其他可变配气机构也是利用类似的机械液压原理，让凸轮轴发生相对转动，从而影响配气相位实现相位可调。

2. 双顶置凸轮轴是可变配气相位技术的基础，目前绝大部分可变配气机构都采用双顶置凸轮轴。

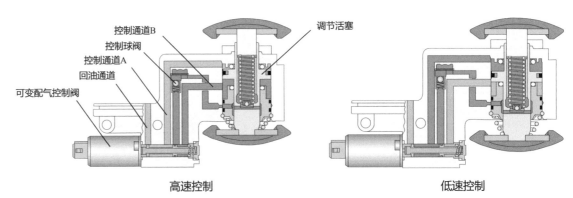

控制通道B
控制球阀
控制通道A
回油通道
可变配气控制阀
调节活塞

高速控制   低速控制

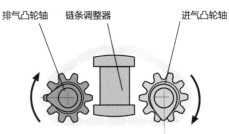

排气凸轮轴   链条调整器   进气凸轮轴

高速控制

低速控制

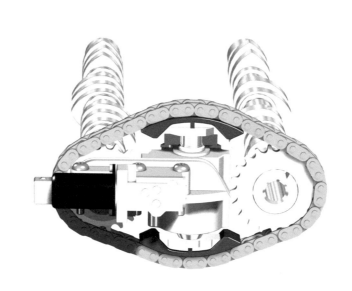

链条式可变配气机构总成

汽车构造与原理三维图解
发动机（彩色版）

智能可变正时机构组成

智能可变正时机构可根据发动机的状态控制进气凸轮轴，通过调整凸轮轴转角对配气时机进行优化，以获得最佳的配气正时，从而在所有速度范围内提高转矩，并能大大改善燃油经济性，有效提高汽车的功率与性能，降低油耗和减少废气排放。

▶ 知识链接

1. 无论是 VVT-i、i-VTEC，还是 CVVT、DVVT、CVT（发动机上），控制机构基本组成与工作原理其实都差不多，只不过是不同厂商为规避专利权而叫的不同名称。

2. 采用智能可变正时机构后，汽油机的经济性和动力性会得到一定改善，这种技术在各种汽油机中应用已非常普遍。

3. 有的气门可变控制机构除了控制正时，还能控制气门打开的高度或控制气门打开的个数。

4. 无凸轮轴气门开闭技术是各大厂商追求的终极配气机构技术。

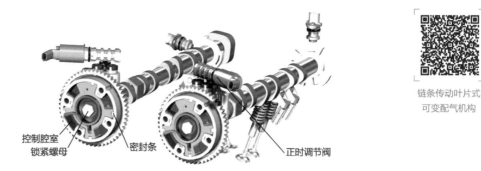

链条传动叶片式
可变配气机构

控制腔室
锁紧螺母
密封条
正时调节阀

智能可变正时机构总成

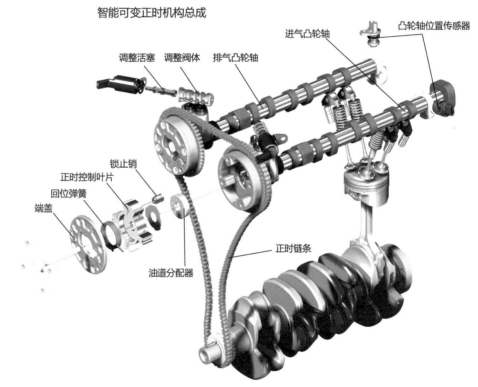

调整活塞　调整阀体　排气凸轮轴
进气凸轮轴
凸轮轴位置传感器
锁止销
正时控制叶片
回位弹簧
端盖
油道分配器
正时链条

智能可变正时机构分解示意图

智能可变正时机构工作原理

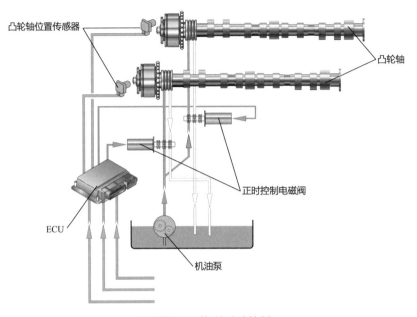

凸轮轴位置传感器

凸轮轴

正时控制电磁阀

ECU

机油泵

可变气门正时机构油路控制

ECU 根据转速、负荷等信号变化，通过控制正时控制电磁阀切换正时提前的机油通道。处于压力状态下的机油流经控制外壳流入凸轮轴的环形通道中，进而流入叶片调节器的提前储油腔中，调整叶片带动凸轮轴，并使得进气门较早打开。反之，调整叶片带动凸轮轴向相反方向旋转，使得气门较晚打开。

ECU 检测进气凸轮轴的瞬时位置，就能够根据存储在其内的 MAP 图来对凸轮轴进行调节。

这种可变正时机构是机电液一体化在发动机上应用的典范，也有一些汽油机采用电磁控制方式实现凸轮轴相位改变。

汽车构造与原理三维图解
发动机（彩色版）

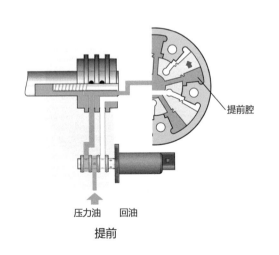

提前腔

压力油　　回油

提前

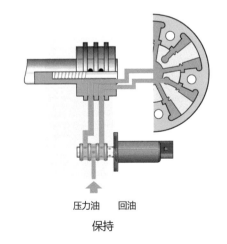

压力油　　回油

保持

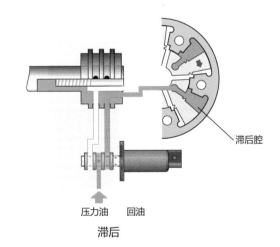

滞后腔

压力油　　回油

滞后

第四章

汽油机供给系统

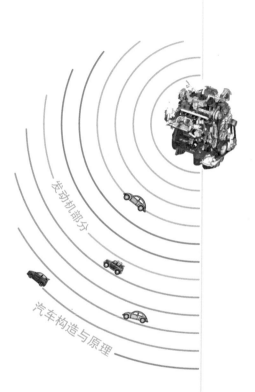

发动机部分

汽车构造与原理

节气门体电控汽油喷射系统

单点喷射系统只有一个或两个喷油器安装在节气门体上，喷油器将汽油喷入节气门前方的进气管内，汽油与吸入的空气混合形成混合气，再通过进气歧管分配至各气缸。

电控单元根据发动机的进气量或进气压力以及曲轴位置传感器、节气门位置传感器、发动机温度传感器及进气温度传感器等测得的发动机运行参数，计算出喷油量，在各缸进气行程开始之前进行喷油，并通过喷油持续时间的长短控制喷油量。

▶ 知识链接

单点喷射系统曾经用来将老旧化油器发动机改为电控汽油喷射系统。虽然现今已经没有车辆再采用这种喷射系统，但是这种系统仍不失为经典设计。

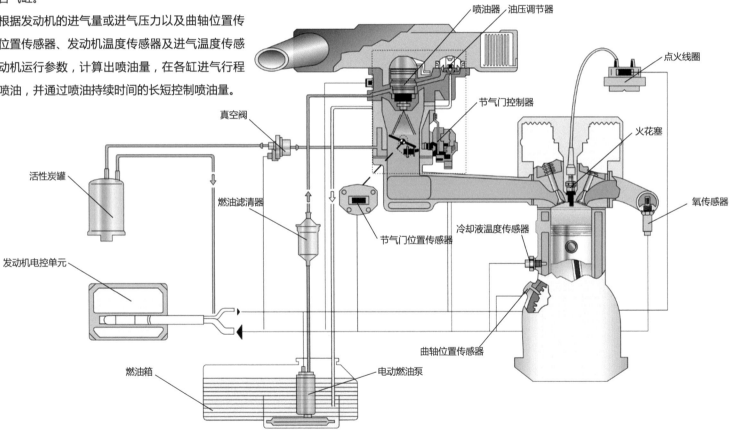

喷油器　油压调节器
点火线圈
节气门控制器
火花塞
真空阀
活性炭罐
燃油滤清器
氧传感器
节气门位置传感器
冷却液温度传感器
发动机电控单元
曲轴位置传感器
燃油箱
电动燃油泵

D 型电控汽油喷射系统

D 型电控汽油喷射系统不设空气流量计，采用速度密度方式计算空气质量，并精确控制空燃比与循环喷油量。

▶ **知识链接**

D 型电控汽油喷射系统由于没有空气流量计，在某种意义上降低了系统成本，但是控制精度却不如安有空气流量计的其他系统。因此，只在低端车汽油机上应用。

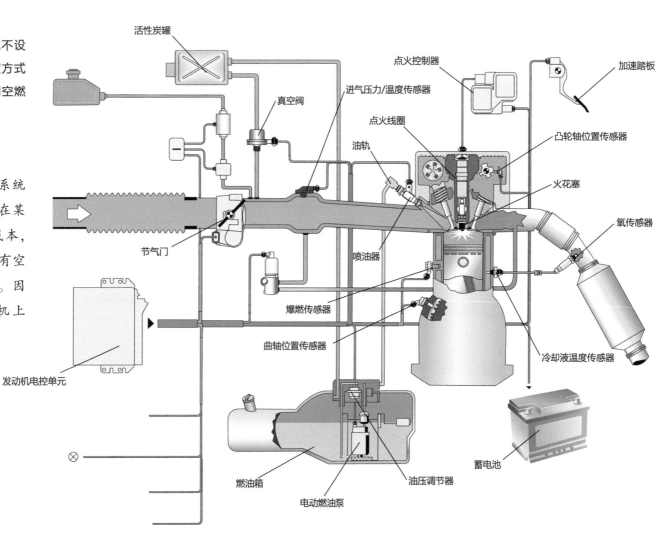

活性炭罐
真空阀
点火控制器
进气压力/温度传感器
加速踏板
点火线圈
油轨
凸轮轴位置传感器
火花塞
氧传感器
节气门
喷油器
爆燃传感器
曲轴位置传感器
冷却液温度传感器
发动机电控单元
燃油箱
油压调节器
电动燃油泵
蓄电池

LH 型电控汽油喷射系统

LH 型电控汽油喷射系统通过热线或热膜空气流量计直接测量瞬态进气量，并根据空燃比（由发动机工况和各传感器参数决定）换算每个循环喷油量，从而精确控制喷油量。

▶ 知识链接

1. LH 型电控汽油喷射系统是由德国博世（Bosch）公司命名的，目前很多汽油机采用这种电控汽油喷射系统。

2. 现今电控汽油喷射系统已经与点火系统整合在一起，这种系统称为 ME 型电控汽油喷射系统。

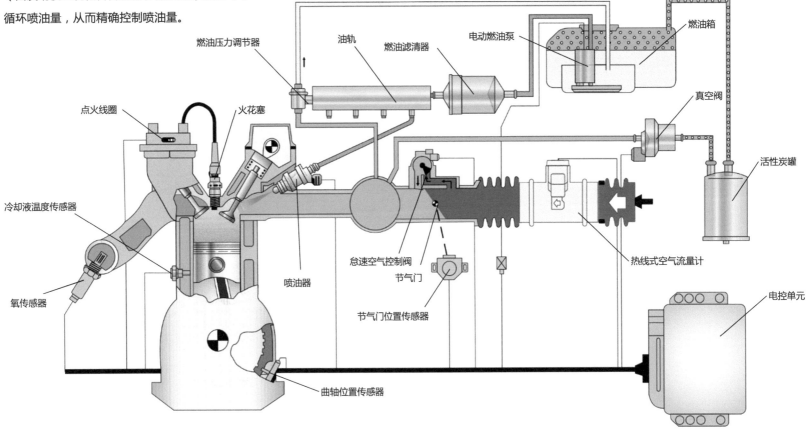

- 燃油压力调节器
- 油轨
- 燃油滤清器
- 电动燃油泵
- 燃油箱
- 真空阀
- 活性炭罐
- 点火线圈
- 火花塞
- 冷却液温度传感器
- 氧传感器
- 喷油器
- 怠速空气控制阀
- 节气门
- 节气门位置传感器
- 热线式空气流量计
- 电控单元
- 曲轴位置传感器

电控汽油喷射系统布置

电控汽油喷射系统主要由空气供给系统、燃油供给系统以及发动机管理系统组成。它以直接或间接测出的空气量信号为基础，计算出发动机燃烧所需的汽油量，通过喷油器的开启给发动机提供适量的燃油，精确控制空燃比。

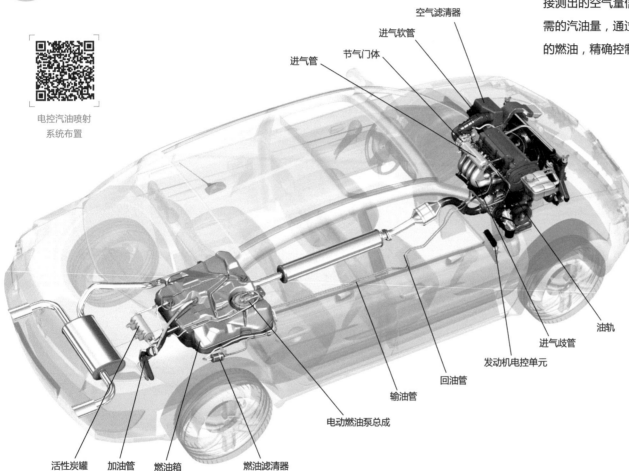

电控汽油喷射
系统布置

空气滤清器
进气软管
进气管　节气门体
油轨
进气歧管
发动机电控单元
回油管
输油管
电动燃油泵总成
燃油滤清器
燃油箱
加油管
活性炭罐

▶ 知识链接

这些部件有的安装在汽油机上，有的在发动机舱内与汽油机连接，还有的会安装在其他部位。

燃油箱一般安装在远离发动机的位置，乘用车安装在后排人员座椅或行李舱下，商用车一般安装在车架两侧。燃油滤清器通常不会安装在发动机附近，一般安装在车身下方或燃油箱处。发动机电控单元往往安装在驾驶室内。

电控单元（ECU）控制原理

ECU 即电控单元，功用是根据其内存中的程序和数据对空气流量计及各种传感器输入的信息进行运算、处理和判断，然后输出指令，向喷油器提供一定宽度的电脉冲信号以控制喷油量。电控单元由微型计算机、输入、输出及控制电路等组成。它还带有自诊断及自适应功能。

▶ 知识链接

现代车用 ECU 已成为"行车电脑"，全车各系统的 ECU 通过 CAN 总线构成车载网络系统，完成对全车的精密控制。

电控单元在其他电控系统中也有应用，如自动变速器、ABS、安全气囊、电动座椅等。

发动机电控单元

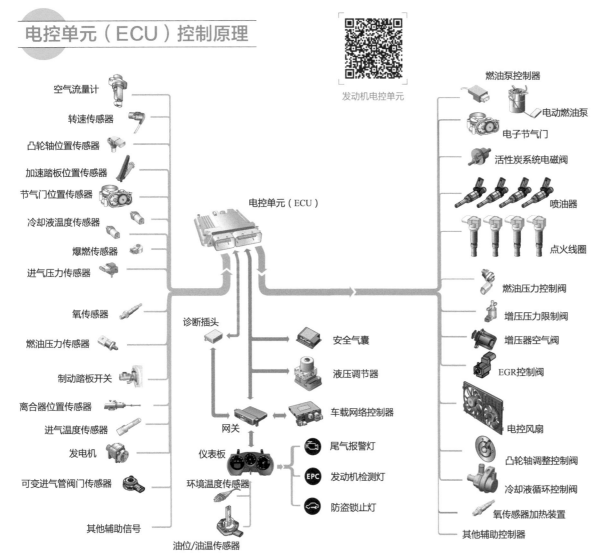

空气流量计
转速传感器
凸轮轴位置传感器
加速踏板位置传感器
节气门位置传感器
冷却液温度传感器
爆燃传感器
进气压力传感器
氧传感器
燃油压力传感器
制动踏板开关
离合器位置传感器
进气温度传感器
发电机
可变进气管阀门传感器
其他辅助信号
油位/油温传感器

电控单元（ECU）
诊断插头
网关
仪表板
环境温度传感器

安全气囊
液压调节器
车载网络控制器
尾气报警灯
EPC 发动机检测灯
防盗锁止灯

燃油泵控制器
电动燃油泵
电子节气门
活性炭系统电磁阀
喷油器
点火线圈
燃油压力控制阀
增压压力限制阀
增压器空气阀
EGR控制阀
电控风扇
凸轮轴调整控制阀
冷却液循环控制阀
氧传感器加热装置
其他辅助控制器

发动机电控单元的控制原理

发动机电控单元

电动燃油泵

电控汽油喷射发动机的燃油输送是由装在汽油箱中的电动汽油泵供给的，并保证燃油系统供油量足够且有一定的压力。

电动燃油泵由泵体、永磁电动机和外壳组成。永磁电动机通电即带动泵体旋转，将燃油从进油口吸入，流经电动燃油泵内部，再从出油口压出，供至燃油系统。燃油流经电动燃油泵内部，可对永磁电动机的电枢起到冷却作用。

▶ 知识链接

1. 现今汽油车中，叶轮式电动燃油泵泵油效率高、噪声小，使用最广泛。

2. 燃油泵电枢通过油箱内的燃油散热，当环境温度过高、油箱内燃油过少时，将会导致电枢散热不好而损坏。

3. 电动燃油泵内部部件损坏后不能单独更换，只能更换燃油泵装配体总成。

电动燃油泵配体

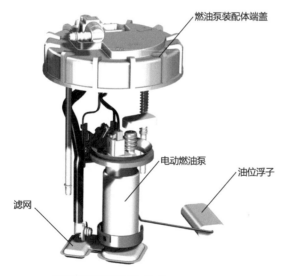

电动燃油泵装配体总成

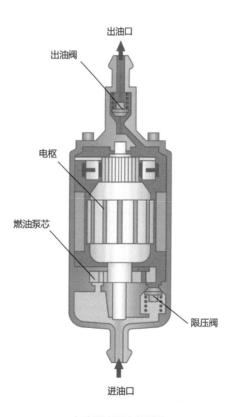

电动燃油泵内部结构

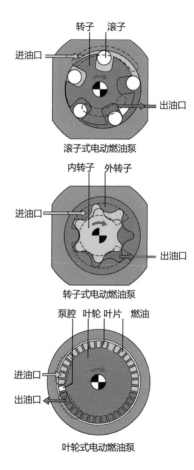

电动燃油泵主要类型

汽油滤清器

汽油滤清器的作用是将汽油中的水分和杂质滤除。发动机工作时，燃油在燃油泵的作用下经过进油管进入滤清器的沉淀杯中，由于此时容积变大，流速变小，密度比燃油大的水及杂质颗粒便沉淀于杯的底部，轻的杂质随燃油流向滤芯，而清洁的燃油从滤芯的微孔渗入滤芯的内部经油管流出。

▶知识链接

1. 汽油滤清器的更换里程或时间长于机油滤清器。

2. 汽油滤清器上有方向标记，注意不要装反。

3. 有的汽油滤清器和电动燃油泵总成是一体的，这种滤清器更换起来比较繁琐。

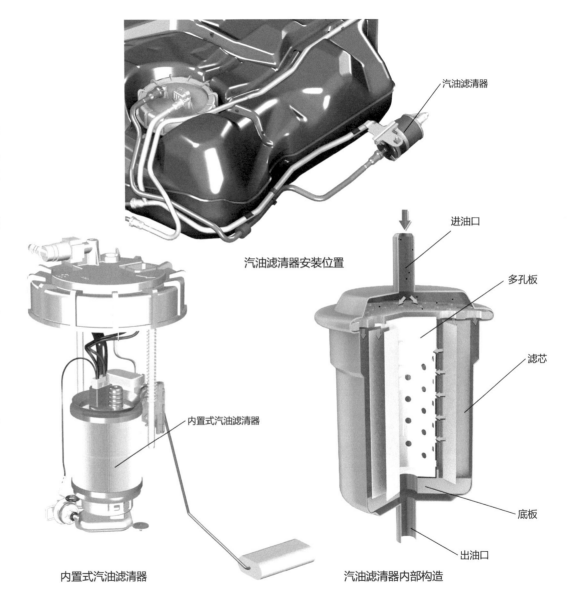

汽油滤清器安装位置

进油口

多孔板

滤芯

底板

出油口

内置式汽油滤清器

内置式汽油滤清器

汽油滤清器内部构造

燃油油轨

多点喷射汽油机喷油器全部连接在一根油轨上，较大的轨内空间使燃油压力保持稳定。有的汽油机采用下部给料方式喷油器，这种结构有利于消除燃油供给系统中的蒸汽气泡，保证循环喷油量一致。

▶ 知识链接

1. 汽油机油轨也叫燃油分配管，它的工作压力要比柴油机共轨低得多。

2. 大部分汽油机油轨是从喷油器上方给喷油器供油。有一些高性能发动机（如赛车）为了防止油轨内含有气泡的燃油被喷油器喷射出去，导致混合气形成不佳，采用了横穿喷油器的下方供给燃料的油轨，这样燃油气泡便直接从油轨中回油流走了。

汽油机燃油
分配管

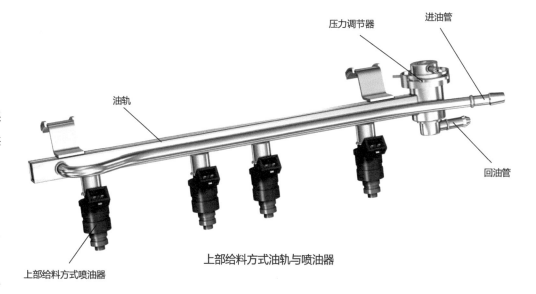

上部给料方式油轨与喷油器

压力调节器　进油管　油轨　回油管　上部给料方式喷油器

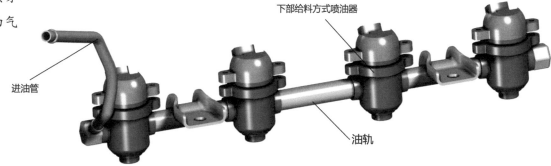

下部给料方式油轨与喷油器

下部给料方式喷油器　进油管　油轨

燃油脉动缓冲器

当喷油器喷射燃油时，在输送管道内会产生燃油压力脉动，燃油压力脉动减振器可使燃油压力脉动衰减，以减弱燃油输送管道中的压力脉动传递，降低噪声。

为了使压力脉动衰减，燃油脉动缓冲器采用了膜片和弹簧组成的缓冲装置，可把压力脉动降低到最低水平。在减振器内部由膜片分隔开成空气室（上部）和燃油室（下部），在空气室内有弹簧压在膜片，从而使膜片产生向下的力。当油路中油压不稳时，油压作用于膜片上，由膜片再传给弹簧吸收掉这部分力，使油压变得平稳。该装置通常在 250kPa 的压力下作用，由于喷油器工作时会产生压力脉动，故它的常用工作压力可达到 300kPa 左右。

▶ 知识链接

1. 脉动缓冲器从外观上和油压调节器很相似，但是它没有回油管及进气导管。

2. 很多普通汽车可以通过加装脉动缓冲器消除油轨及喷油器工作异响。

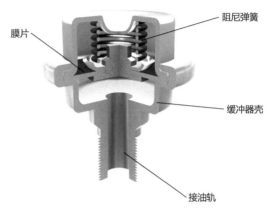

阻尼弹簧
膜片
缓冲器壳
接油轨

燃油脉动缓冲器内部构造

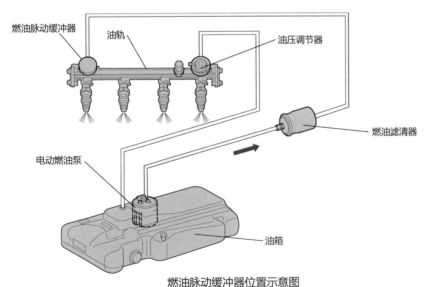

燃油脉动缓冲器
油轨
油压调节器
电动燃油泵
燃油滤清器
油箱

燃油脉动缓冲器位置示意图

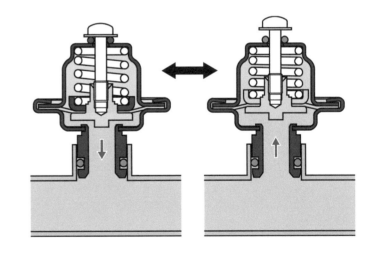

燃油脉动缓冲器工作原理

外置式燃油压力调节器

燃油压力调节器受系统油压与进气歧管压力（负压）的控制。它的作用是要自动保持整个油压系统的燃油压力为一定值，使供油总管内油压与进气歧管压力之差为一定恒值（一般为 250～290kPa），这样就可以通过 ECU 给喷油器通电时间的长短来控制燃油喷射量。

外置式燃油压力调节器膜片下方与油轨相连

燃油压力调节器总成

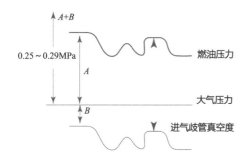

燃油压力调节器调节特性曲线

接，膜片上方与进气歧管相通，回油管与油箱连接。当燃油压力与进气管压力之差超过限定值，调压阀下方的燃油就推动膜片向上压缩弹簧，超压的燃油流回燃油箱。

▶ 知识链接

1. 如果冷车起动容易，但热车起动困难，说明有燃油通过裂缝及进气管接头进入发动机进气管，就可以考虑燃油压力调节器的膜片老化了。

2. 现在很多发动机在油轨上看不到压力调节器，可能是压力调节器装在电动油泵总成里了，或者是通过传感器等方法来保持喷油压力差恒定。

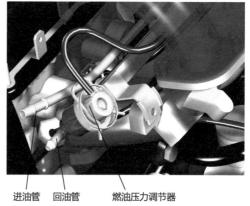

进油管　回油管　燃油压力调节器

燃油压力调节器安装位置

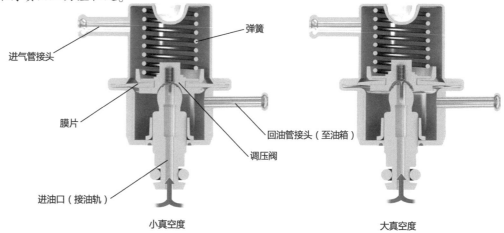

燃油压力调节器工作原理

内置式燃油压力调节器

一些汽油机的燃油压力调节器安装在电动燃油泵装配体中，并与汽油滤清器相连。

电动燃油泵将燃油传送至燃油滤清器的滤清室内，燃油在其中过滤并流向燃油分配器和喷油器。300kPa 的燃油压力由燃油压力调节器中的弹簧膜片阀控制。如果压力上升超过 300kPa，膜片阀打开并使燃油回流至燃油箱。

▶ 知识链接

1. 压力调节器对于电控汽油喷射系统来讲十分重要，不论其安装在油轨上，还是安装在燃油滤清器或电动燃油泵装配体里，都需要保证喷油器喷油压力差恒定。

2. 内置式燃油压力调节器使用寿命比外置式更长，而且它失效后并不会像外置式那样让发动机热车时不能起动。

燃油压力调节器

内置式燃油压力调节器安装位置

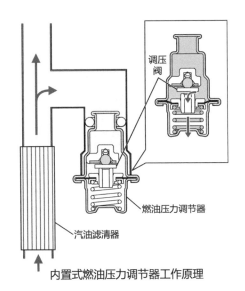

调压阀

燃油压力调节器

汽油滤清器

内置式燃油压力调节器工作原理

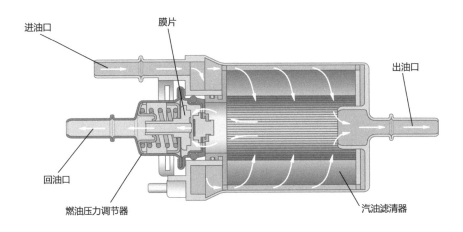

进油口

膜片

出油口

回油口

燃油压力调节器

汽油滤清器

带燃油压力调节器的滤清器

轴针式电磁喷油器

非直喷电控汽油喷射系统中，喷油器一般安装在进气歧管末端或进气道处，按照发动机 ECU 的控制策略定时、定量地向进气门处喷射燃油。

早期的 L 型或 LH 型汽油喷射系统常用轴针式电磁喷油器，其内装有电磁阀，电磁阀通电后通过衔铁打开喷油器针阀喷油，断电后弹簧将针阀关闭

断油。在环境压力差一定的前提下，喷油器的喷油量由 ECU 提供的喷油脉宽决定。

▶ **知识链接**

轴针式电磁喷油器是早期电控汽油喷射系统采用的类型，其结构简单，工作可靠，工作原理也很经典。在现今发动机的后处理装置以及一些进气温度加热装置仍然能见到它的身影。

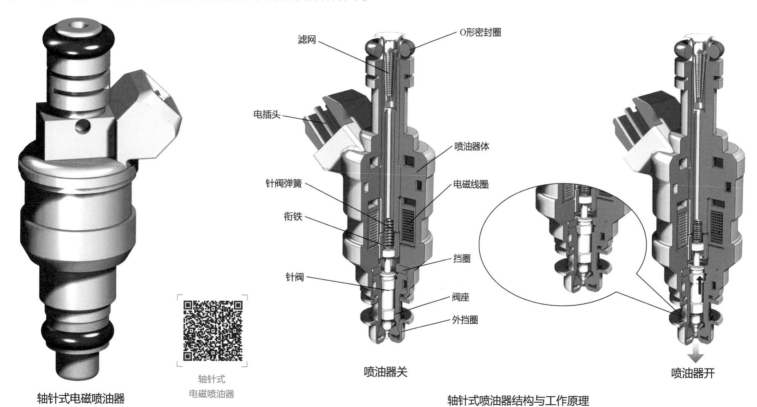

轴针式电磁喷油器

轴针式
电磁喷油器

滤网　电插头　针阀弹簧　衔铁　针阀

O形密封圈　喷油器体　电磁线圈　挡圈　阀座　外挡圈

喷油器关　喷油器开

轴针式喷油器结构与工作原理

片阀式电磁喷油器

有些汽油机采用片阀式电磁喷油器，质量很轻的阀片、孔式阀座与磁性优化的喷油器总成结合起来，使喷油器不仅具有较大的动态流量范围，而且抗堵塞能力较强。

片阀式喷油器

片阀式电磁喷油器

1. 为了提高燃油雾化效果，现在的汽油机往往采用多孔式电磁喷油器，片阀式喷油器应用也较多。

2. 由于燃油品质不同、发动机非正常燃烧等原因，汽车行驶一定里程后，喷油器可能会因为积炭而造成泄漏或喷射不良，这时候就要清洗喷油器了。

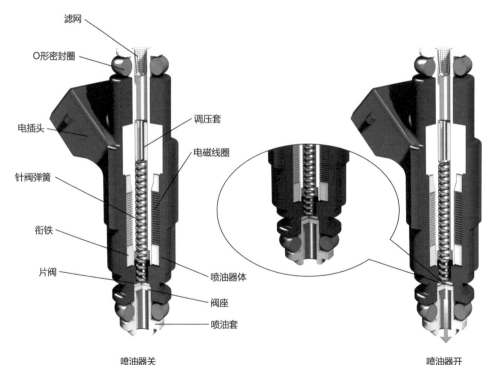

滤网
O形密封圈
调压套
电插头
电磁线圈
针阀弹簧
衔铁
片阀
喷油器体
阀座
喷油套

喷油器关　　　　　　喷油器开

片阀式喷油器结构与工作原理

汽油箱

汽油箱用以储存汽油。汽油箱的数目和容量随车型而定，普通汽车只有一个汽油箱，越野车及长途运输汽车则常有两个汽油箱，分为主、副汽油箱，由切换阀控制，以适应使用要求。

▶ 知识链接

1. 由于车身结构越来越复杂，现今的油箱普遍采用非金属材质，既可以形成复杂的形状，提高空间利用率，又可以防静电，有抑爆作用。

2. 油箱内的稳油挡板将加油区、吸油区和回油区隔开，以降低油液循环速度，有利于燃油散热、气泡析出和杂质沉淀。

3. 加油口下方实际有三个管道，最粗的是加注管，与炭罐相连的是净化管，与通气阀相连的是通气管。

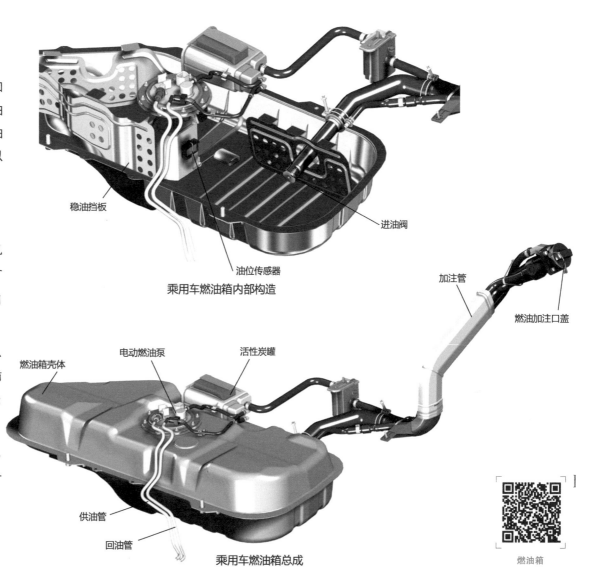

稳油挡板

进油阀

油位传感器

乘用车燃油箱内部构造

加注管

燃油加注口盖

燃油箱壳体

电动燃油泵

活性炭罐

供油管

回油管

乘用车燃油箱总成

燃油箱

汽油机空气供给系统

空气供给系统

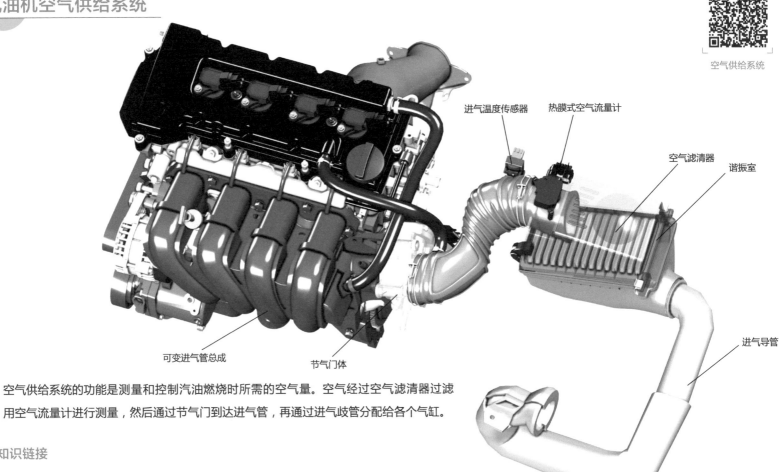

进气温度传感器　热膜式空气流量计

空气滤清器　谐振室

进气导管

可变进气管总成　　节气门体

汽车构造与原理三维图解

发动机（彩色版）

空气供给系统的功能是测量和控制汽油燃烧时所需的空气量。空气经过空气滤清器过滤后，用空气流量计进行测量，然后通过节气门到达进气管，再通过进气歧管分配给各个气缸。

▶ 知识链接

汽油机的控制策略是通过测量空气进入量间接计算燃油喷射量，为保证测量精确空气供给系统不仅要有准确的流量传感器，还要将进气的压力波动以及流体影响降至最低。因此，其进气系统的管路和各部件需要经过匹配设计。

进气管装配体

进气管必须保证足够的流通面积，避免转弯和截面突变，改善管道表面的光洁度等，以减小阻力。为此，高性能的汽油机采用了直线型进气系统，在直线化的同时，还应合理设计气道节流和进气管长度，布置适当的稳压腔容积等，以期达到高转矩、高功率的目的。

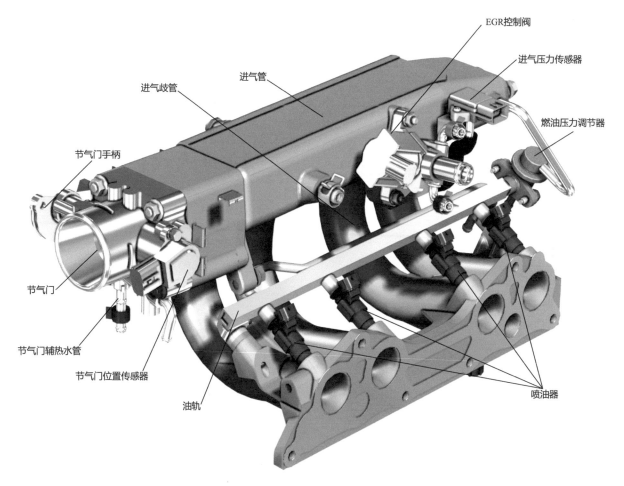

进气歧管　进气管　EGR控制阀　进气压力传感器　燃油压力调节器　喷油器

节气门手柄

节气门

节气门辅热水管

节气门位置传感器

油轨

▶ 知识链接

1. 没有采用可变进气管的发动机进气歧管设计得又弯又长，以保证汽油机的低速转矩。

2. 现今的汽油发动机基本上都采用塑料进气管，这种进气管重量轻，成本低，易成型，内壁光滑，可以提高汽油机的经济性。

3. 进气管上通常还安装节气门体、进气温度/压力传感器、油轨喷油器等。

可变进气管

发动机在低转速时，使用长且细的进气歧管有利于增大气流速度和气压，从而使汽油更好地雾化以促进燃烧。在高转速时，更粗的进气歧管可以使进气量提高。

ECU 会根据发动机工况的不同操控转换阀动作，通过转换阀的开闭使进气气流从需要的通道进入。进气歧管的变化还有可变截面、甚至是连续可变的进气歧管。

现代自然吸气汽油机普遍采用这种技术，可变进气歧管通常由内部光滑且进气阻力更低的塑料制成。

▶ 知识链接

1. 可变进气歧管和塑料进气管可是珠联璧合的技术，采用塑料成型技术既降低了进气管的重量及价格，也让可变进气管更易成型，内部更光滑。

2. 在非增压汽油机中，可变进气管已经和可变配气技术一样成为必备的省油法宝。

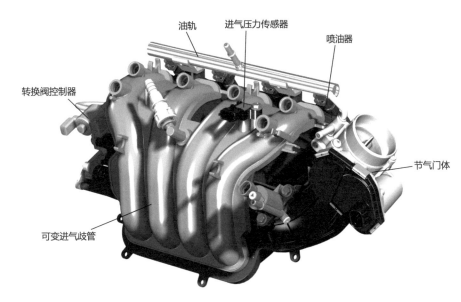

油轨　　进气压力传感器　　喷油器

转换阀控制器

可变进气歧管

节气门体

可变进气管总成

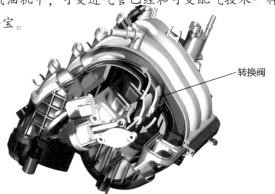

转换阀

高中速（短粗通道）

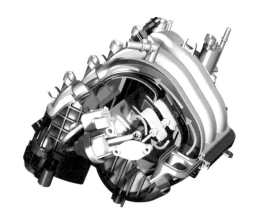

低中速（细长通道）

热线式空气流量计

热线式空气流量计将空气瞬时流量转换为电信号。当无空气流动时，电桥处于平衡状态，控制电路输出某一加热电流至热线电阻；当有空气流动时，由于铂金线的热量被空气吸收而变冷，其电阻值发生变化，电桥失去平衡，如果保持热线电阻与吸入空气的温差不变并为一定值，就必须增加流过热线电阻的电流。因此，热线电流就是空气流量的函数。

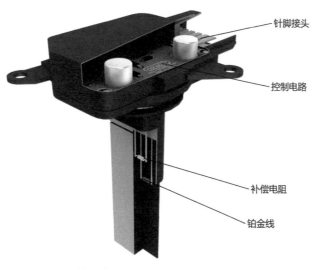

针脚接头

控制电路

补偿电阻

铂金线

热线式空气流量计构造

热线式空气流量计总成

 知识链接

1. 热线式空气流量计是电控汽油供给系统中应用最为广泛的空气流量检测传感器，但是由于热线式空气流量计的热线电阻直径仅相当于人类的头发丝那么细，可靠性和维修性不佳，已经逐渐被热膜式空气流量计替代。

2. 为防止热线上附着灰尘影响测量精度，这种流量计通常有自洁功能，在车辆行驶一定里程后自动加热热线至更高温度，烧掉表面灰尘。但是如果结垢明显，只能通过清洁剂来清理了。

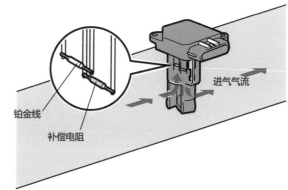

铂金线

补偿电阻

进气气流

热线式空气流量计工作原理

热膜式空气流量计

热膜式空气流量计的工作原理与热线式空气流量计类似，都是用惠斯通电桥工作的。不同的是：热膜式不使用白金丝作为热线，而是将热线电阻、补偿电阻及桥路电阻用厚膜工艺制作在同一陶瓷基片上。

旁通通道热膜式空气流量计总成

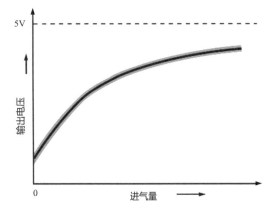

热膜式空气流量计输出特性曲线

知识链接

1. 虽然热膜比热线结实可靠、易维修，每次停机时，ECU会自动给热膜高温（700~1000℃）加热以烧掉热膜上的污物和尘土，但杂质过多和积炭胶结，单靠加热也难以去除。因此，在特殊情况下只能拆下空气流量计清理。

2. 为了减小热膜式空气流量计对进气的节流作用，有些汽油机在进气管中开通一个较小直径的旁通分支，仅将小巧的热膜式空气流量计部分安装在分支中，根据流量截面积比例测量来计算进气量。

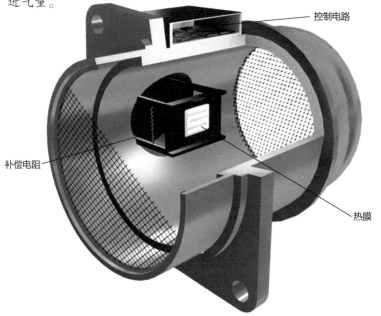

热膜式空气流量计总成

机械控制节气门体

机械式节气门总成

机械操纵式
节气门

节气门是控制空气进入汽油机的一道可控阀门。它连接着空气滤清器和进气管，空气通过节气门进入进气管后会与汽油混合成可燃混合气，从而燃烧做功。

节气门分为传统拉线式节气门和电子节气门两种，传统发动机节气门操纵机构是通过拉索（软钢丝）或拉杆，一端连接加速踏板，另一端连接节气门连动板而工作。

▶ 知识链接

1. 汽油车的"油门"（加速踏板）实际上是通过控制节气门开度大小控制进气量，再由 ECU 计算出喷油量。因此，必须精准控制节气门的开度，以满足发动机动力性与经济性的需求。

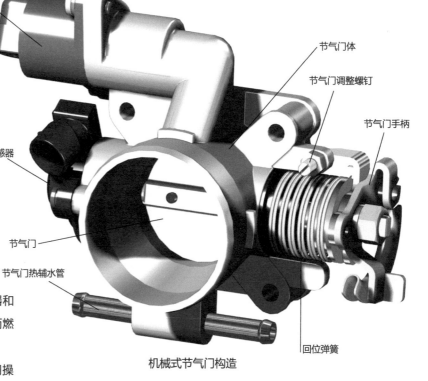

怠速控制阀

节气门体

节气门调整螺钉

节气门手柄

节气门位置传感器

节气门

节气门热辅水管

回位弹簧

机械式节气门构造

2. 节气门脏污的原因主要来自机油蒸汽，其次是空气中的微粒和水分，也就是说，节气门面向发动机的那一面更脏。因此，一定里程后要清洗节气门，最佳的清洗方法是将节气门体拆下后清洗。

3. 有的节气门会与冷却系统的水管连接，这是用来加热节气门体的，用以提高进气温度。

电子节气门

电子节气门分为电液式、线性电磁式、步进电动机式和直流伺服电动机式，不过电液式和步进电动机式由于控制精度不高，线性电磁式由于所需电功耗较大，都很少在汽车上应用，直流伺服电动机式则很好地克服了以上两种情况，从而在汽车上应用较为广泛。

其工作原理是 ECU 利用加速踏板位置传感器信号，并根据其他如急加速、空调、自动变速器起步的转矩信号，计算出实际的节气门开度，再通过驱动电机精确控制其开度。

▶ 知识链接

1. 通常电机式电子节气门采用齿轮传动，因此它在加速时会有一定的迟滞感。

2. 由于电子节气门控制精准，会优化汽油机的经济性与动力性，现在的汽油机基本上都会采用电子节气门。

3. 在清洗电子节气门后应该做一次匹配，以防止怠速转速不稳定。

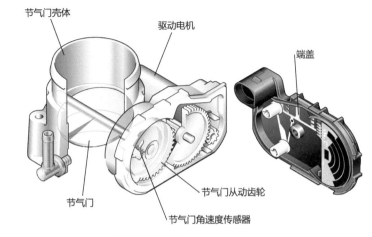

电子节气门构造

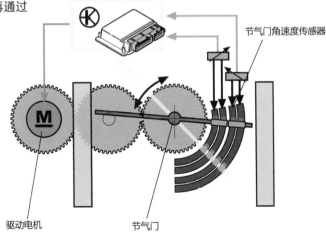

电子节气门工作原理

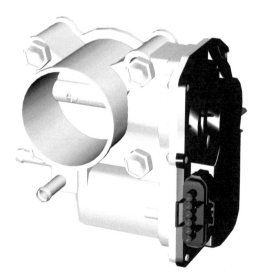

电子节气门总成

电子节气门

发动机（彩色版）
汽车构造与原理三维图解

步进电动机式怠速控制阀

步进电动机式怠速控制阀

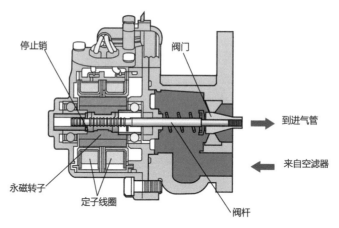

步进电动机式怠速控制阀构造

停止销　阀门　到进气管　来自空滤器　永磁转子　定子线圈　阀杆

阀芯

步进电动机式怠速控制阀安装位置

当点火开关转至 ON 位置，怠速控制阀即通电，发动机电脑控制其电路搭铁。当发动机的工作参数偏离正常值时，该阀用来通过控制旁通节气门体的空气量来调整进气量。

发动机起动后，怠速控制阀开启一段时间进气量增加，使发动机怠速转速提高 150~300r/min。当发动机冷却液温度较低时，怠速控制阀开启，以获得适当的快怠速。发动机 ECU 根据不同的冷却液温度，通过改变传到怠速控制阀的信号强度来控制怠速控制阀柱塞的位置。

步进电动机式怠速控制阀是目前应用最多的一种怠速控制装置。

▶ 知识链接

1. 由于发动机怠速时加速踏板是不用踩下的，因此机械式节气门此时是全关的，为了维持汽油机稳定的怠速，就必须有怠速控制装置。

2. 电子节气门直接通过 ECU 精确地控制节气门开度，因此稳定的怠速对节气门的清洁度要求较高。

转阀式怠速控制阀

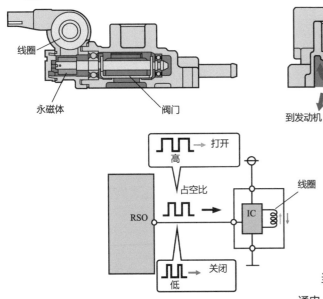

线圈
永磁体
阀门

到发动机   来自空气滤清器

转阀式怠速控制阀的构造与工作原理

打开
高
占空比
RSO
IC
线圈
关闭
低

转阀式怠速控制阀

转阀式怠速控制阀

转阀式怠速控制阀安装位置

当点火开关转至 ON 位置，怠速控制阀即通电，发动机 ECU 控制其电路搭铁。当发动机的工作参数偏离正常值时，该阀用来通过控制旁通节气门体的空气量来调整进气量。

ECU 通过控制线圈的通断电改变线圈产生的磁场，使其磁场与永久磁铁形成的磁场相互作用，改变控制阀的旋转位置，从而控制怠速通道的截面积，以实现对怠速进气量及转速控制。

▶ 知识链接

这种怠速控制阀多用于日系或偏日系的汽油机怠速控制。不论转阀式还是步进电动机式怠速控制阀，其在发动机、变速器等控制系统中，ECU 对电磁线圈通电电流的控制方式均采用占空比的方式。

节气门位置传感器

节气门位置传感器安装位置

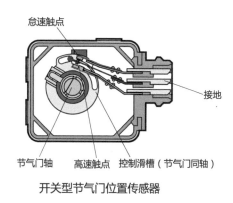

开关型节气门位置传感器

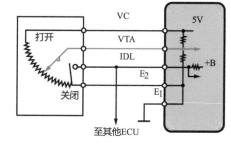

线性输出型节气门位置传感器

现代汽油机常采用线性输出型节气门位置传感器。它的两个触点（或称触头）与节气门轴联动，一个触点可在电阻上滑动，利用电阻的变化将节气门位置信号转换成电压值 VTA。这个电压呈线性变化。根据这个线性电压值，ECU 可感知节气门的开度，使 ECU 进行喷油量修正；而另一个触点在节气门全关闭时与怠速触点（IDL）接触，IDL 信号用来断油和控制点火提前角。线性输出型节气门位置传感器又叫可变电阻式或滑动电阻式传感器。

有些汽油机采用开关型节气门位置传感器，通过怠速触点和全负荷触点的通断，给 ECU 提供怠速及节气门全开信号。

▶ 知识链接

1. 机械式节气门采用开关型节气门位置传感器为主，而电子节气门则采用线性输出型节气门位置传感器，这个传感器安装在电子加速踏板上。

2. 节气门位置传感器损坏会导致发动机抖动和怠速不稳。

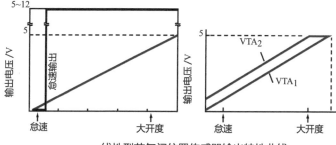

线性型节气门位置传感器输出特性曲线

汽油机供给系统 第四章

加速踏板位置传感器

加速踏板位置
传感器

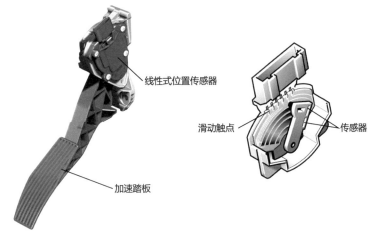

线性式位置传感器

滑动触点

传感器

加速踏板

线性式加速踏板位置传感器

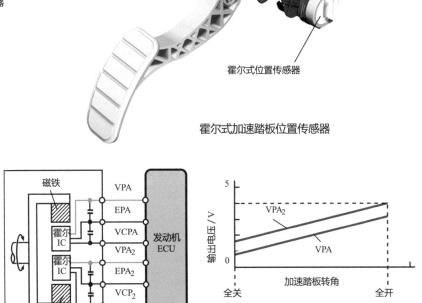

加速踏板弹簧

霍尔式位置传感器

霍尔式加速踏板位置传感器

当踩下加速踏板时，加速踏板的位置信息通过该传感器提供给发动机 ECU，再由 ECU 提供控制信号给节气门。节气门的控制电动机带动节气门转过相应角度，同时节气门实际转过的角度再由节气门位置传感器反馈给 ECU。

加速踏板位置传感器分为接触式线性传感器与非接触霍尔式传感器两种。

电子节气门系统可以设置各种功能来改善驾驶时的安全性和舒适性，如牵引力控制系统和定速巡航控制等。

霍尔式加速踏板位置传感器电路及输出特性曲线

霍尔位置传感器

为了提高测量精度，现代发动机常用带有双霍尔探头的差动式霍尔位置传感器替代传统霍尔位置传感器。差动式霍尔位置传感器允许有较大的空气间隙范围和良好的温度补偿性，其输出电压由两个霍尔信号电压叠加而成。因为输出信号为叠加信号，所以转子凸齿与信号发生器之间的气隙可以增大到0.5~1.5mm（普通霍尔传感器仅为0.2~0.4mm）。

霍尔位置传感器要由触发叶轮、霍尔集成电路、导磁钢片和永久磁铁等组成。触发叶轮安装在转子轴上，叶轮上制有叶片。当触发叶轮随转子轴一起转动时，叶片便在霍尔集成电路和永久磁铁之间转动。

触发叶轮的叶片从霍尔集成电路与永久磁铁之间的气隙中转过时，产生霍尔电压，输出位置信号。

霍尔位置传感器没有触点，这使它体积小、无磨损，输出波形更稳定。它可将信号转子制成像磁感应式传感器转子一样的齿盘式结构，既便于安装，又延长使用寿命与可靠性。

传统分电器型霍尔凸轮轴位置传感器

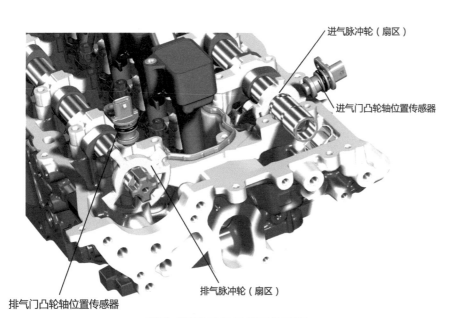

差动式霍尔凸轮轴位置传感器

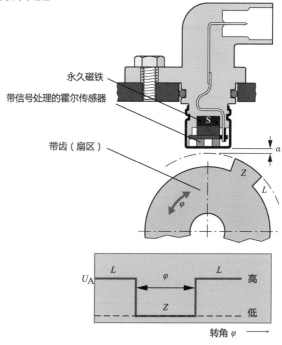

差动式霍尔凸轮轴位置传感器工作原理

进气压力传感器

进气压力传感器

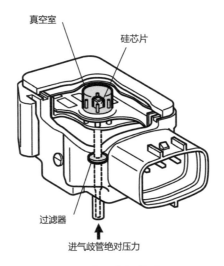

进气压力传感器内部构造

真空室
硅芯片
过滤器
进气歧管绝对压力

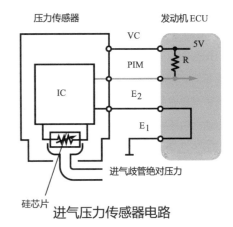

进气压力传感器电路

压力传感器
发动机 ECU
VC
5V
PIM
R
IC
E_2
E_1
硅芯片
进气歧管绝对压力

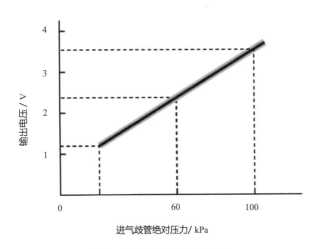

进气压力传感器输出特性曲线

输出电压 / V

进气歧管绝对压力 / kPa

进气压力传感器检测的是节气门后方的进气歧管绝对压力，它根据发动机转速和负荷的大小检测出歧管内绝对压力的变化，然后转换成信号电压送至发动机电控单元（ECU），ECU 依据此信号电压的大小控制基本喷油量。

ECU 输出 5V 电压给进气压力传感器，再由信号端检测电压值，当发动机怠速时，其电压为 1~1.5V，当节气门全开时，电压约为 4.5V。

▶知识链接

进气压力传感器和电控单元的连接线路断路或短路、传感器和进气管之间的真空软管堵塞或漏气、进气管真空孔堵塞等，会使传感器的输出信号不正常。这会使发动机无法起动、发动机加速不畅、发动机怠速不稳、发动机间歇性熄火。

汽车构造与原理三维图解 发动机（彩色版）

进气温度传感器

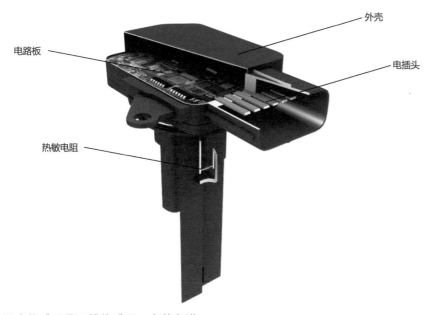

电路板
外壳
电插头
热敏电阻

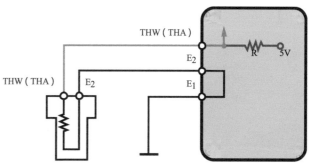

发动机 ECU

进气温度传感器电路

进气温度传感器是双线传感器，安装在进气管上或空气流量计内。进气温度传感器是负温度系数热敏电阻，当温度升高时，电阻值减小，当温度降低时，电阻值增大。随着电路中电阻的变化，会产生不同的电压信号，完成控制系统的自动操作。在冷车时，进气温度传感器的信号与冷却液温度传感器信号基本相同，在热车时，其信号电压是冷却液温度传感器的2~3倍。

▶ 知识链接

进气温度传感器如果损坏，会使发动机起动困难、怠速不稳、尾气排放超标，无法准确地将信号传递给电控单元，无法准确控制喷油还会导致汽车油耗增加。

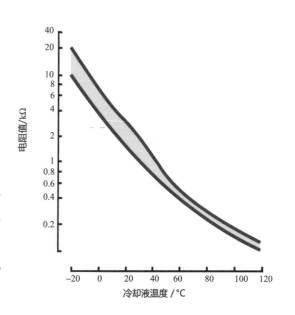

进气温度传感器输出特性曲线

冷却液温度传感器

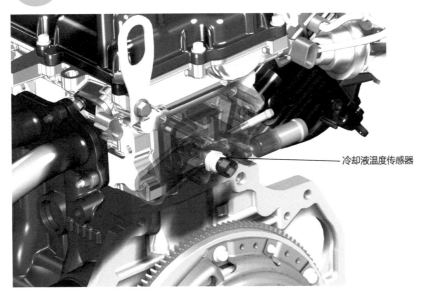

冷却液温度传感器安装位置

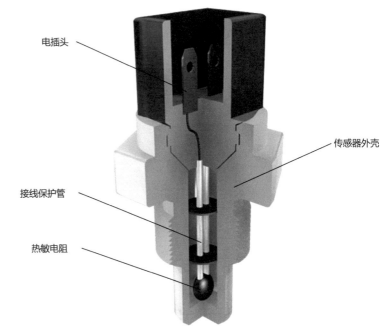

电插头

传感器外壳

接线保护管

热敏电阻

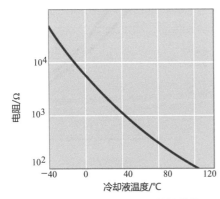

冷却液温度传感器输出特性曲线

冷却液温度传感器安装在发动机机体或气缸盖上，与冷却液接触，用来检测冷却液温度，并将检测结果传输给电控单元以便修正喷油量和点火正时。

冷却液温度传感器采用对温度变化非常敏感的热敏电阻制成，热敏电阻通常采用负温度系数电阻，冷却液温度越低，热敏电阻值越大，电控单元根据这一信号，增加喷油量，使可燃混合气浓度增加。

▶ 知识链接

冷却液温度传感器短路将使电控单元误以为是高温信号，会造成混合气过稀、发动机无法起动；如果传感器断路或搭铁线接触不良将使电控单元误以为是低温信号，会造成混合气过浓，排气管冒黑烟。

磁感应曲轴位置传感器

曲轴位置传感器是电喷发动机特别是集中控制系统中最重要的传感器，也是点火系统和燃油喷射系统共用的传感器。其功能是检测发动机曲轴转角和活塞上止点，并将检测信号及时送至发动机电脑，用以控制点火时刻（点火提前角）和喷油正时。同时，曲轴位置传感器也是测量发动机转速的信号源。因此，曲轴位置传感器又称发动机转速与曲轴位置传感器，或称曲轴位置／判缸／转速传感器。

当信号转子凸齿靠近磁极时，磁通量变大，转子凸齿远离磁极时磁通量减小。 变化的磁场在该传感器中产生交变信号，经放大后输入至ECU。

▶知识链接

1. 曲轴位置传感器有磁感应式、霍尔式和光电式。光电式由于可靠性差，现在已经很少使用。

2. 曲轴位置传感器是发动机中最重要的传感器，一旦它失效，发动机电控单元出于安全保护，会让发动机不点火、不喷油。

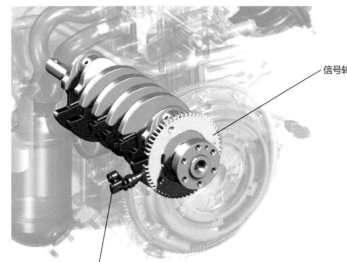

信号转子

传感器磁头

磁感应曲轴位置传感器安装位置

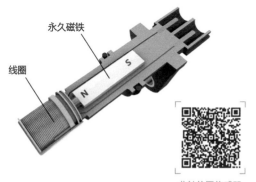

永久磁铁

线圈

N　S

曲轴位置传感器

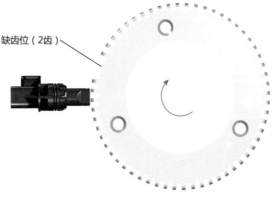

缺齿位（2齿）

磁感应曲轴位置传感器工作原理

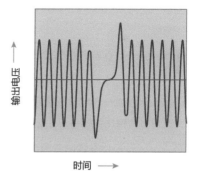

输出电压

时间 →

磁感应曲轴位置传感器输出特性曲线

汽油机供给系统 第四章

093 ∎

爆燃传感器

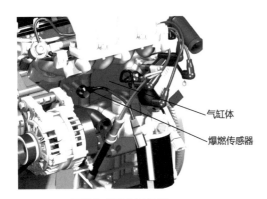

爆燃传感器安装位置

气缸体
爆燃传感器

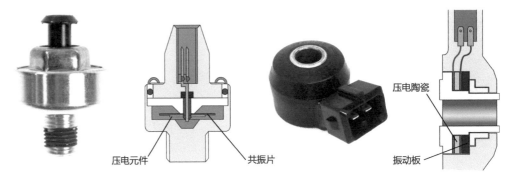

压电元件　　　　　共振片

磁伸缩式爆燃传感器

压电陶瓷

振动板

非共振式爆燃传感器

点火过早、排气再循环不良和使用低标号燃油等原因引起的发动机爆燃（俗称爆震）会损坏发动机。爆燃传感器向 ECU（有的通过 PCM）提供爆燃信号，使得 ECU 能重新调整点火正时以阻止进一步爆燃。

爆燃传感器安放在发动机体或气缸的不同位置。当振动或敲缸发生时，它产生一个小电压峰值，敲缸或振动越大，爆燃传感器产的电压峰值就越大。爆燃传感器通常设计成测量 5~15kHz 范围的频率。一定高的频率表明是爆燃或敲缸，当 ECU 接收到这些频率时，ECU 重新修正点火正时，以阻止继续爆燃。

▶ 知识链接

1. 爆燃传感器实际上就是点火闭环控制，其点火闭环反馈信号由爆燃传感器来完成，这样发动机可以更精确地控制点火提前角，以便更好地控制发动机输出最大功率和节省燃油。

2. 有的汽油机既可以使用 92 号汽油，也可以使用 95 号汽油，这就是爆燃传感器起到的作用。

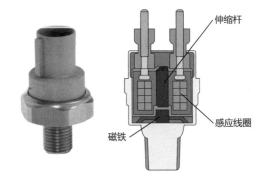

伸缩杆

感应线圈

磁铁

共振式爆燃传感器

氧化锆式氧传感器

氧传感器用于电控汽油喷射系统的反馈控制，用来检测发动机排气中的含氧量，并以按理论空燃比（14.7）燃烧混合气为突变界限，向电脑输送反馈信号。

为保证三元催化转化器在理论空燃比下的转化效率，在排气歧管至三元催化转化器之间装有氧传感器。如实际空燃比偏高，在排气中氧气的浓度增加而氧传感器把小电动势信号输入给 ECU。当空燃比比理论空燃比低时，在排气中氧气的浓度降低，氧传感器把大电动势信号输入给 ECU。

▶ 知识链接

由于现今汽油机的喷油策略是以控制排放为优先的，如果氧传感器失效（不一定是损坏），仪表板上的发动机故障灯会点亮。汽油、机油质量对氧传感器寿命影响较大。

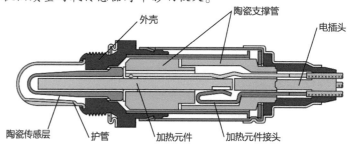

氧化锆式氧传感器内部构造

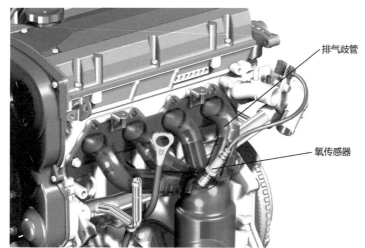

氧传感器安装位置

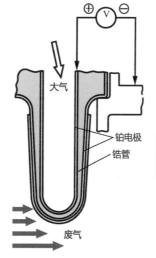

氧化锆式氧传感器工作原理

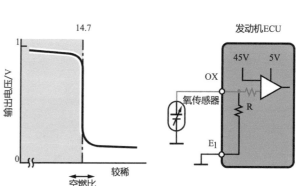

氧化锆式氧传感器输出特性曲线及电路

二氧化钛式氧传感器

二氧化钛式氧传感器和氧化锆式氧传感器的工作原理有很大的不同，它是利用多孔状导体 TiO_2 的导电性随排气中含氧量的变化而变化的特性制成的，故又称电阻性氧传感器。这种传感器结构简单，体积小，成本低，但是在 $300 \sim 900°C$ 工作时，电阻值随温度变化较大，所以必须用温度补偿的方法来提高精度，通常用另一个实心 TiO_2 导体作为温度补偿。

▶ 知识链接

1. 这两种氧传感器的最大区别就是氧化锆式氧传感器将氧分子含量的变化而转换成电压的变化，二氧化钛式氧传感器将氧分子含量的变化而转换成电阻的变化。

2. 不论是哪种氧传感器，它们是否处于闭环控制与排气温度和混合气浓度有关。

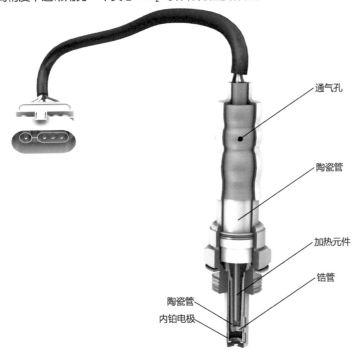

通气孔

陶瓷管

加热元件

锆管

陶瓷管

内铂电极

氧化锆式氧传感器

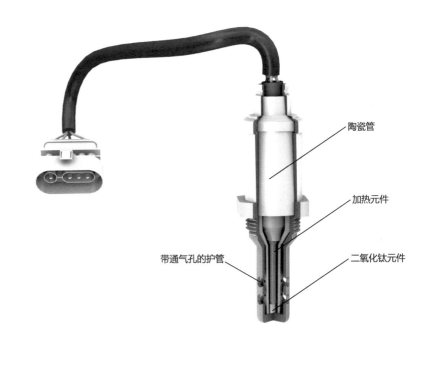

陶瓷管

加热元件

带通气孔的护管

二氧化钛元件

二氧化钛式氧传感器

点火线圈

点火线圈的作用是将电源系统提供的低电压转换为用于火花塞点火的高电压。

在直接点火系统中，已不在点火系统中使用常规型分电器，取而代之的是对每个气缸提供一个带有独立的整体式带点火器的点火线圈，这样能降低高电压区的能耗并提高耐用性。同时，因为在高电压区内不再使用触点，这将使电磁干涉降到最低。

ECU 根据发动机的转速和负荷（单位转速的进气量或基本喷油量）确定基本点火提前角，并根据实际传感器测得的信号对点火提前角进行修正，并驱动点火器控制点火线圈工作。

▶ 知识链接

1. 现在较为低端的车型是两个气缸合用一个点火线圈，这样一个气缸是有效点火，另一个气缸是白白浪费能量。

2. 分缸独立点火线圈取消了高压线，适合任何缸数的发动机，紧凑型、安全性、可靠性大为提高。

3. 如果点火线圈损坏，最明显的现象是加速无力并伴随抖动。

4. 点火线圈损坏还会进一步损坏机脚垫、三元催化转化器等。

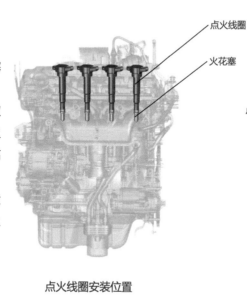

点火线圈安装位置

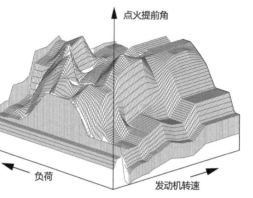

点火提前角MAP图

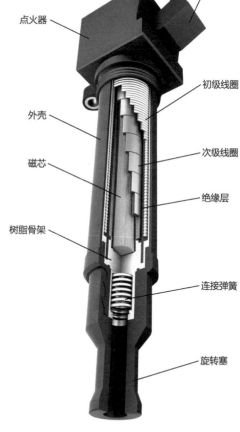

点火线圈总成

火花塞

火花塞的功用是将点火线圈或磁电机产生的脉冲高压电引入燃烧室，并在其电极之间产生电火花，以点燃可燃混合气。

发动机工作时，火花塞绝缘体裙部的温度保持在500～600℃。如果温度过低，陶瓷绝缘体容易积炭，可能引起漏电而产生缺火现象；如果温度过高，易引起早燃和爆燃。

不同材质的火花塞更换里程也不同。

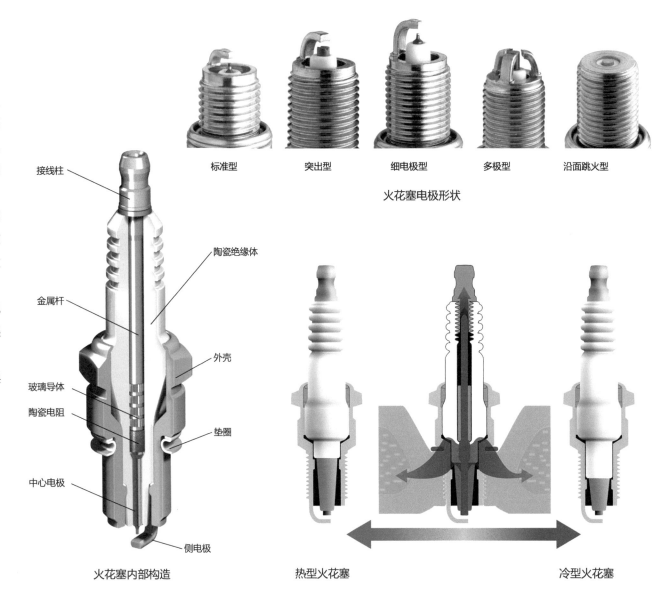

标准型　　突出型　　细电极型　　多极型　　沿面跳火型

火花塞电极形状

接线柱

陶瓷绝缘体

金属杆

外壳

玻璃导体

陶瓷电阻

垫圈

中心电极

侧电极

火花塞内部构造

热型火花塞　　　　　　　　　冷型火花塞

汽车构造与原理三维图解

发动机（彩色版）

缸内直喷电控汽油喷射系统

缸内直喷是直接将汽油喷射在缸内，在气缸内直接与空气混合。ECU 可以根据吸入的空气量精确地控制燃油的喷射量和喷射时间，以实现分层或均质燃烧，进而使发动机获得更大的功率及更好的燃油经济性。

缸内直喷的最大优势是在中低负荷实现分层稀薄燃烧，高转速瞬时响应更好。

缸内直喷可以提高汽油机压缩比。另外，直喷发动机与增压器更容易匹配。

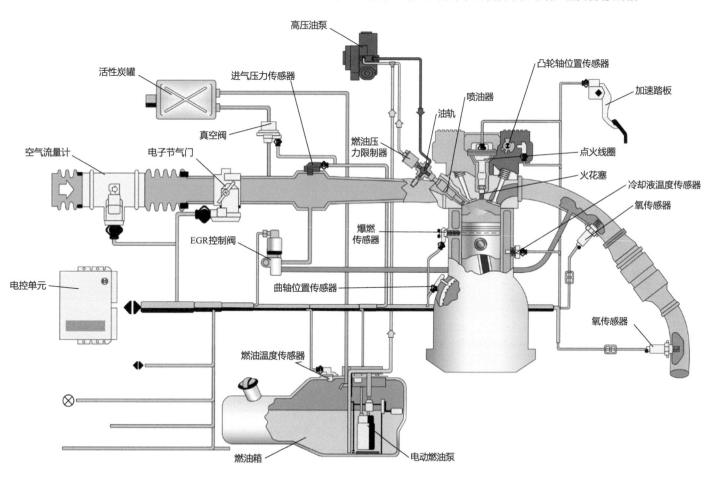

活性炭罐　进气压力传感器　高压油泵　凸轮轴位置传感器　加速踏板

喷油器　油轨

空气流量计　电子节气门　真空阀　燃油压力限制器　点火线圈　火花塞　冷却液温度传感器　氧传感器

EGR控制阀　爆燃传感器

电控单元　曲轴位置传感器　氧传感器

燃油温度传感器

燃油箱　电动燃油泵

直喷汽油机燃油系统主要部件

在直喷汽油机燃油系统中，单活塞高压泵将高压燃油按照一定压力（4~10MPa,取决于发动机负荷与转速）输送至油轨，再由油轨分配给与气缸数相同的高压喷油器。

这种与电控共轨柴油机类似的蓄压式燃油喷射系统可以更自主地控制喷油时刻与喷射压力，进而实现分层燃烧和均质燃烧等稀薄燃烧方式。

▶ **知识链接**

1. 尽管高压喷射系统使汽油机直喷技术比传统多点喷射汽油机有很多优势，但是对油品适应能力差，汽油中的硫形成的硫化物会腐蚀高压系统。

2. 由于直喷汽油机缺少燃油喷射对气门的清洁作用，将导致气门附近积炭严重。

直喷汽油机
燃油供给系统

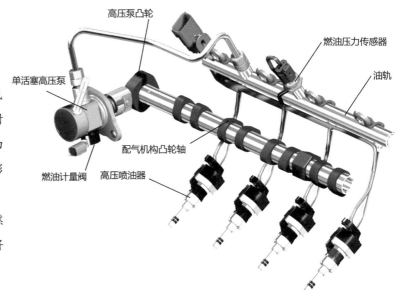

直喷汽油机供给系统

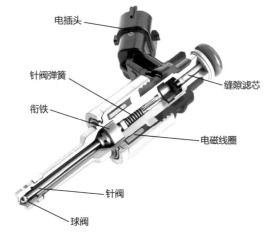

直喷汽油机喷油器

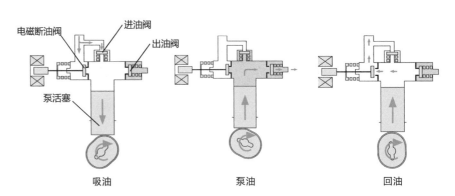

直喷汽油机高压泵工作原理

发动机（彩色版）
汽车构造与原理三维图解

直喷汽油机混合气形成方式

均质燃烧模式：发动机操作模式与带进气歧管喷射发动机的操作模式基本相同，主要差别是汽油直接喷射发动机中的燃油直接喷入气缸。发动机的转矩是由点火时刻（短期）和进气量（长期）决定的。喷入的燃油量与控制质量相匹配，从而使得过量空气系数一般为1。此时，进气翻板根据负荷变化调整下进气道状态，燃油在进气上止点后约60°时直接喷入气缸。

分层燃烧模式：在进气过程中，节气门开度相对较大，减少了一部分节流损失，进气翻板封住下进气道，加速进气。分层燃烧时喷油时间在上止点前60°~45°，燃油被喷射在活塞顶的凹坑内，喷出的燃油与涡旋进气结合形成浓度分层混合气，并在火花塞附近实现相对较浓混合气。分层燃烧的过量空气系数一般在1.6~3之间。

鉴于目前的油品质量，绝大多数直喷汽油机屏蔽了分层稀薄燃烧模式。尽管如此，直喷汽油机的动力性和燃油经济性相较于多点电喷发动机还是有所提高。

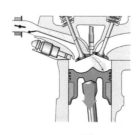

1. 进气

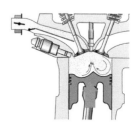

3. 喷油

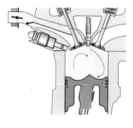

2. 压缩

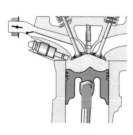

4. 分层

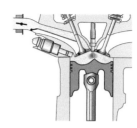

5. 燃烧

分层燃烧模式

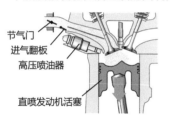

节气门
进气翻板
高压喷油器
直喷发动机活塞

1. 进气

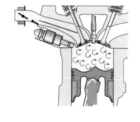

3. 均质压缩

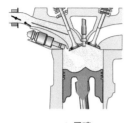

2. 早喷

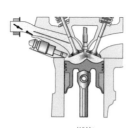

4. 燃烧

均质燃烧模式

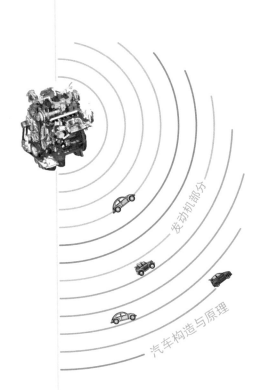

第五章

柴油机电控技术

柴油机统一式燃烧室

柴油机混合气形成主要是在燃烧室内进行的。为了改善柴油机混合气的形成和燃烧，要求喷油系统、空气涡流运动必须与燃烧室的形状相匹配。

统一式燃烧室是由凹形活塞顶与气缸盖底平面所包围的单一内腔，即统一在一个空间，几乎全部容积都集中在活塞顶的凹坑上。

目前柴油机普遍应用的是 ω 形燃烧室，这种燃烧室更容易形成均匀混合气（由于进气涡流和挤流），这样更有利于混合气完全燃烧，可满足车用高转速柴油机混合气形成和燃烧速度更高的要求，燃油消耗率较低，起动性好。

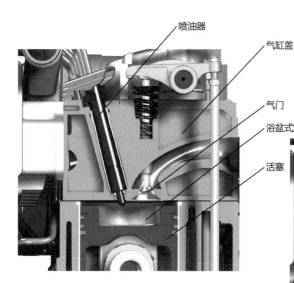

喷油器
气缸盖
气门
浴盆式燃烧室
活塞

浴盆式燃烧室

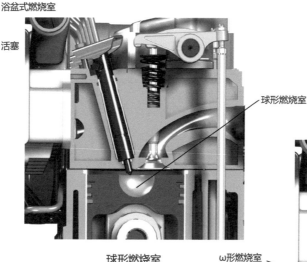

球形燃烧室

球形燃烧室

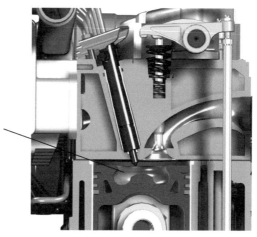

ω形燃烧室

ω形燃烧室

柴油机单体泵

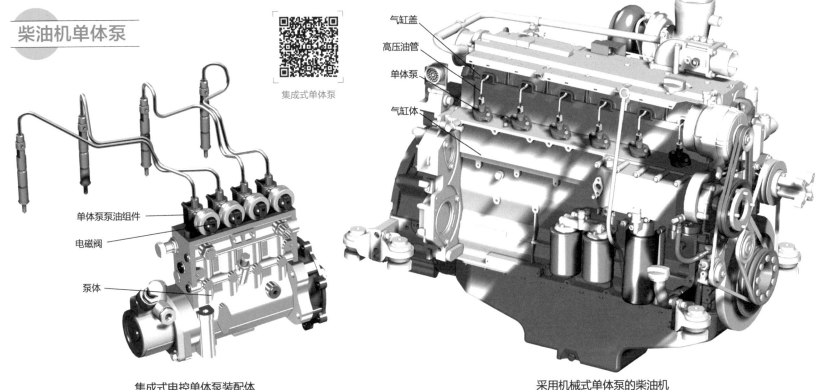

集成式单体泵

单体泵泵油组件

电磁阀

泵体

集成式电控单体泵装配体

气缸盖

高压油管

单体泵

气缸体

采用机械式单体泵的柴油机

通常单体泵内的柱塞仍由凸轮轴驱动，但其凸轮轴不像直列泵那样装在泵体内，而是装在柴油机气缸体中，这种布置称作外源驱动泵。这样不仅驱动系统刚性好，高压油管外形规则，长度较短，而且喷油泵和凸轮轴在布置上灵活度也较大。

现在很多电控柴油机采用集成式单体泵系统，将多个单体泵泵油组件集成在一体，并由单独的凸轮轴驱动，更便于柴油机的系列化设计。

▶ 知识链接

1. 从基本结构与总体组成来讲，单体泵本来的特点就是泵油部分安装在缸体里，并由配气机构凸轮轴驱动。但是这种安装布置不利于单体泵的检修，也增加了配气机构凸轮轴的设计安装难度。

2. 单体泵与泵喷嘴的工作原理相似，主要区别在于一个在喷嘴与泵油组件之间有高压油管，另一个没有高压油管。

柴油机电控泵喷嘴技术

电控泵喷嘴与电控单体泵系统，是目前已使用的两种时间控制式柱塞泵脉冲燃油喷射系统。它们均为时间－压力计量方式。

柱塞在凸轮轴和摇臂的驱动下给燃油加压，旁通油路在电磁溢流阀关闭时，柱塞腔内压力升高。压力升高到一定值时，喷油器打开，燃油喷入；旁通油路在电磁溢流阀打开时，柱塞腔泄压，喷油器处于关闭状态。因此，电磁溢流阀打开的时刻决定喷油提前角，打开的时间决定喷油量，同时可以得到所需的喷油率。

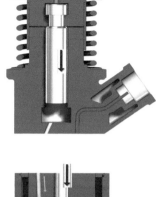

▶ **知识链接**

1. 这种电控柴油机技术不能对泵端压力进行控制，喷油规律仍然受凸轮轮廓影响。因此，喷油精度和自由度仍有限。

2. 泵喷嘴系统结构极为紧凑，泵端压力很高，对柴油机小型化、高速化很有利。但是这种系统缸盖布置复杂，对于各种检修要求也更高。

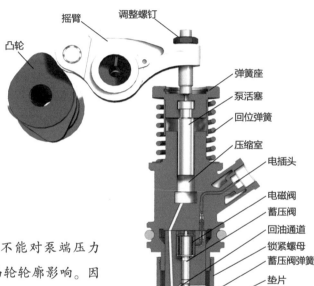

摇臂　　调整螺钉
凸轮
弹簧座
泵活塞
回位弹簧
压缩室
电插头
电磁阀
蓄压阀
回油通道
锁紧螺母
蓄压阀弹簧
垫片
针阀弹簧
针阀
针阀座
高压腔

泵喷嘴构造

停油状态　　　　　喷油状态

采用电控共轨系统的柴油机

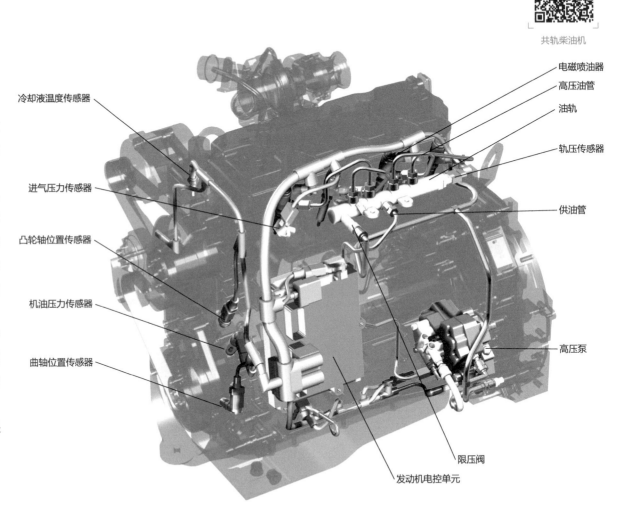

传统柴油喷射系统喷油压力的产生与喷油量与凸轮、柱塞有关，喷油压力随着发动机转速与喷油量的增加而增加。

共轨系统将燃油在高压下贮存在蓄压器（高压油轨）中，从本质上克服了传统柴油机喷射系统的缺陷。

喷油压力的产生不依赖于发动机转速与系统喷油量，可根据发动机不同的工况灵活控制喷射压力和喷油量，从而实现低转速高喷射压力，达到低转速高转矩，低排放及优化燃油经济性的目的。

1. 共轨系统的最高工作压力是传统机械式喷油泵系统的 2 倍以上，而且它的响应速度更高，对喷油规律的控制更精准。

2. 共轨柴油机的三大核心部件是高压泵、共轨和电磁喷油器。

共轨柴油机

冷却液温度传感器

进气压力传感器

凸轮轴位置传感器

机油压力传感器

曲轴位置传感器

电磁喷油器

高压油管

油轨

轨压传感器

供油管

高压泵

限压阀

发动机电控单元

柴油机电控共轨系统油路

共轨系统由油箱中的电动燃油泵将燃油加压泵出，或经高压泵前端的输油泵将燃油输送至高压泵中，再由高压泵将高压燃油泵入油轨中，并经高压电磁喷油器喷入柴油机燃烧室中。

现在柴油车上应用的新一代共轨系统往往利用燃油计量单元和在油轨上的燃油压力调节阀，由 ECU 根据轨压传感器等信号保证喷射压力和油量以满足发动机不同工况需求。

为满足系统的冷起动性能，在低压油路中往往还装有燃油预热装置。

▶ 知识链接

1. 在第一代高压共轨系统中，共轨压力的调节由高压泵上的压力调节阀实现。

2. 第二代共轨系统是通过高压泵上的燃油计量单元和共轨上的压力调节阀双重调节的。

3. 第三代共轨系统的标志是在第二代共轨系统的基础上采用压电式喷油器。

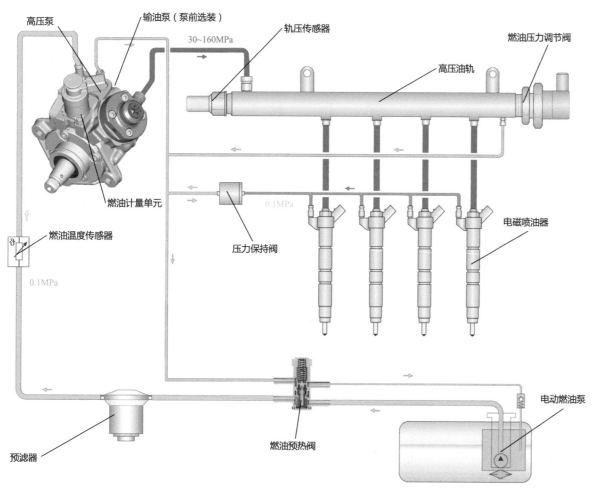

高压泵　　输油泵（泵前选装）　　轨压传感器　　燃油压力调节阀　　高压油轨　　电磁喷油器　　燃油计量单元　　压力保持阀　　燃油温度传感器　　预滤器　　燃油预热阀　　电动燃油泵

30~160MPa

0.1MPa

0.1MPa

柴油机电控技术　第五章

采用不同高压泵的共轨系统

现代柴油机共轨系统常采用直列高压泵与三柱塞径向高压泵。直列式高压泵，可更方便地由传统机械系统升级，采用机油润滑，燃油适用范围更广泛，集成齿轮式或滑片式输油泵。三缸径向柱塞高压泵，每循环可产生三次泵油过程，只产生低峰值转矩驱动力，受力更为均匀。

通常采用双柱塞直列高压泵的共轨系统多用于载货汽车，重型运输车还可以采用四柱塞泵，而采用三柱塞转子式高压泵多用于乘用车。尽管两种泵从内部构造到工作原理有较大差别，但是燃油压力控制原理类似。

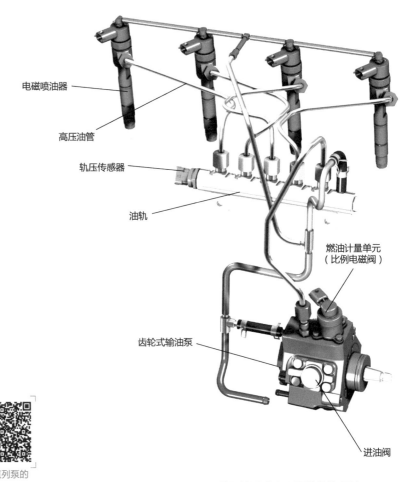

高压油管

电磁喷油器

油轨

轨压传感器

滑片式输油泵

燃油计量单元（比例电磁阀）

采用直列高压泵的共轨系统

电磁喷油器

高压油管

轨压传感器

油轨

燃油计量单元
（比例电磁阀）

齿轮式输油泵

进油阀

采用转子式高压泵的共轨系统

共轨系统高压泵油路控制

第二代以上共轨系统高压泵不再集成压力调节阀。安装在输油泵与泵内高压柱塞泵之间的燃油计量单元用来调整进入高压泵内的燃油量。通过与计量单元并联的阶跃回油阀可以保持计量单元入口处的燃油压力恒定，并增加进入高压泵运动部件位置的润滑和冷却液量。这样高压泵的泵油量为共轨管中所必需的油量，进而控制油轨中的燃油压力，既提高泵油效率，降低油泵的功率消耗，也减少了对燃油的加热量。

第二代以上共轨系统中，柴油不仅用来供给喷油器形成高压雾化的喷油油束，而且还用来润滑与冷却高压油泵。 高压油泵的进油压力与用来润滑的柴油压力通过系统协调，既可以使入口燃油压力保持恒定，又能维持润滑冷却所需的柴油流量和压力。

A ▭ 来自燃油滤清器
B ▭ 内部压力0.45~0.6MPa
C ▭ 润滑用燃油

D ▭ 内部燃油回油
E ▭ 高压燃油
F ▭ 燃油回油

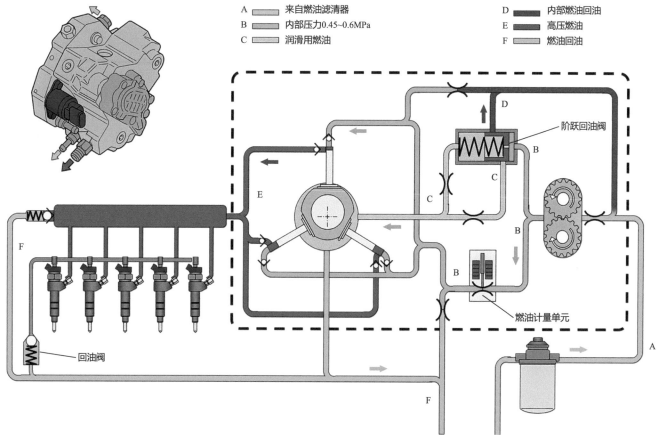

阶跃回油阀

燃油计量单元

回油阀

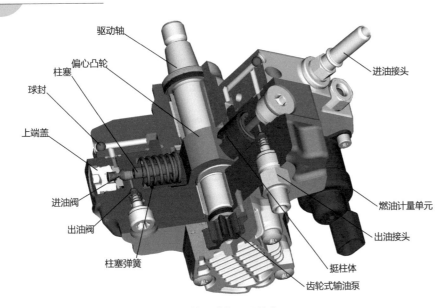

驱动轴
偏心凸轮
柱塞
球封
上端盖
进油阀
出油阀
柱塞弹簧
进油接头
燃油计量单元
出油接头
挺柱体
齿轮式输油泵

转子式高压泵总成

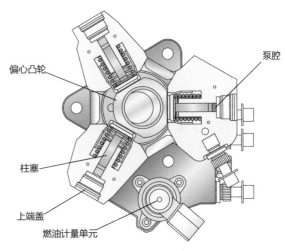

偏心凸轮
泵腔
柱塞
上端盖
燃油计量单元

高压油泵正视图

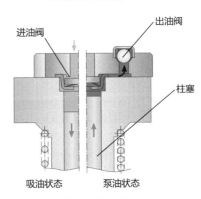

进油阀
出油阀
柱塞
吸油状态
泵油状态

高压油泵工作原理

　　油量可调的高压泵为转子式径向三柱塞泵，其工作转速可达 4000r/min，每循环可产生三次泵油过程。工作时，驱动轴带动偏心轮旋转，推动 3 个径向排列呈120°均布的柱塞依次往复运动，与柱塞回位弹簧共同实现吸油与压油动作。吸油时，低压燃油从进油口经安全阀和低压油道经进油阀流入柱塞顶部的泵腔，柱塞到达下止点后上行，进油阀被关闭，泵腔燃油被密封。当泵腔油压在柱塞压缩下达到油轨压力时，出油阀开启，燃油经出口进入油轨，实现供油。

　　第二代以上共轨系统高压泵采用控制进油的方式满足油轨压力调节的需求，减少被压缩至高压的燃油量，降低油泵的功率消耗。这种高压泵通过不同级别的壳体尺寸、柱塞直径和行程以适应不同排量柴油机的需求。

　　这种系列高压油泵不仅用于小型乘用车，也能用于轻型载货汽车，它可以根据供油能力需求逐级递增结构尺寸。

单柱塞高压油泵

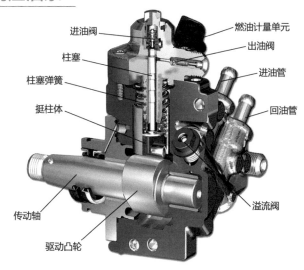

单柱塞式高压泵总成

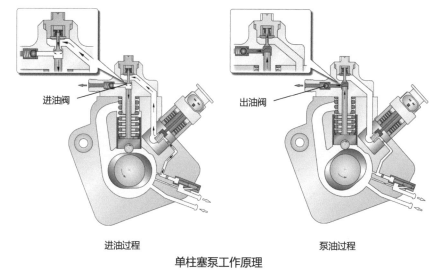

进油过程　　　　　　　　　　　泵油过程

单柱塞泵工作原理

单柱塞高压泵由曲轴通过链条传动，其传动轴上的两个凸轮为180°对置，每工作循环泵油2次。泵的驱动系统所受负载均匀，在180MPa高压范围内的压力波动较小。工作时，柱塞下行，控制阀开启，低压燃油经燃油计量单元流入柱塞腔，随后柱塞上行，但控制阀未通电并开启，低压燃油经控制阀流回，需要供油时，控制阀通电并关闭，回流油路被切断，泵腔中的燃油被压缩，燃油经出油阀进入高压油轨。利用控制阀关闭时间的不同，可控制进入高压油轨的油量。

其进油通道内装有燃油计量单元，ECU通过脉冲信号控制燃油计量单元调节进油量，并和燃油压力调节阀交互作用控制喷油压力。

▶ 知识链接

早期共轨系统高压油泵内的泵油组件工作时会引起共轨管中的压力脉动，为了减小这个波动，提高喷油精度，新一代共轨系统采用这种模块化组合部件的柱塞式高压泵。它通过一两个泵油组件，采用适合的传动比就能够满足三缸至八缸发动机实现同步供油。

燃油计量单元结构与工作原理

111

高压油轨

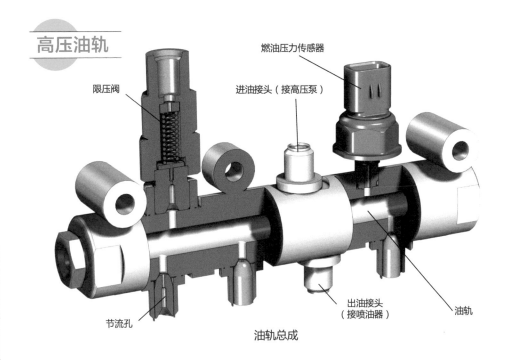

限压阀

进油接头（接高压泵）

燃油压力传感器

油轨

出油接头
（接喷油器）

节流孔

油轨总成

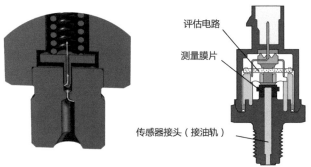

限压阀工作过程

共轨管

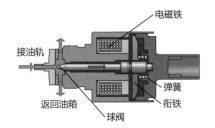

评估电路

测量膜片

传感器接头（接油轨）

燃油压力传感器

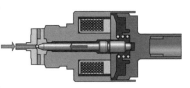

电磁铁

接油轨

返回油箱

球阀

弹簧

衔铁

开启状态

关闭状态

燃油压力调节阀

高压油轨是共轨系统中的的蓄压室，合适的容积可以补偿系统的压力波动，又能确保喷油器喷油时的快速响应需求。在油轨一端装有轨压传感器，通过该传感器信号ECU可以控制在高压泵上或在油轨另一端安装的电磁式压力调节阀的占空比，从而迅速和精确地调节油轨压力，保证柴油机各种工况下共轨系统的压力稳定。

此外，为保证共轨系统工作安全性，油轨上还装有限压阀，在轨压超过限定值时泄压。

▶知识链接

1. 作为蓄压式共轨系统的油轨，它通过相对较大的内部管道容积将高压管路中的压力波动降至最低程度，另一方面这个容积又要足够小，以保证柴油机起动时共轨系统压力能迅速建立。

2. 不同的发动机因装配关系不同，共轨管装配体的附件安装位置与结构关系也会不同。此外，少数发动机还采用盘式共轨。

电磁式共轨系统喷油器

电磁式共轨喷油器由孔式喷油嘴、液压伺服机构和电磁阀等部分组成。

来自油轨的高压燃油经通道进入喷油嘴压力室中，同时经节流孔流入控制腔，控制腔回油孔道由电磁阀控制开闭。

当电磁阀触发，泄油孔打开，控制腔回油，针阀在其压力室油压作用下打开。反之，喷油器针阀关闭。

电磁喷油器装配体

▶知识链接

只有第一代、第二代共轨系统采用这种电磁喷油器。它在工作时需要具有一定的喷射压力、喷射行程和合适的喷油锥角，喷油器在需要停止喷油时应能迅速切断燃油供给，不发生滴油现象。此外，现在更多的喷油器采用油嘴处无有害容积结构，这要求喷油器要有更高的制造工艺。

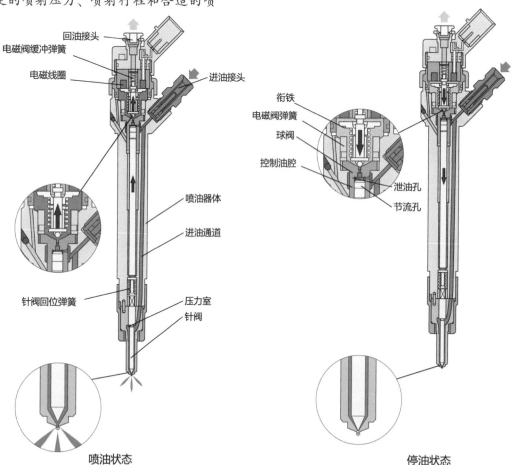

回油接头
电磁阀缓冲弹簧
电磁线圈
进油接头
喷油器体
进油通道
针阀回位弹簧
压力室
针阀

喷油状态

衔铁
电磁阀弹簧
球阀
控制油腔
泄油孔
节流孔

停油状态

共轨系统压电式喷油器

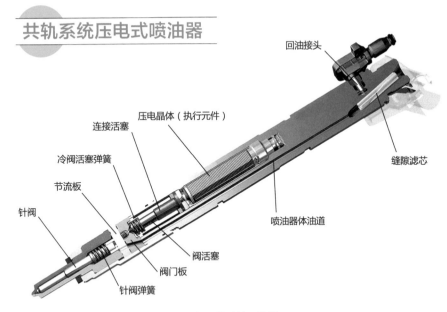

- 回油接头
- 压电晶体（执行元件）
- 连接活塞
- 冷阀活塞弹簧
- 节流板
- 针阀
- 缝隙滤芯
- 喷油器体油道
- 阀活塞
- 阀门板
- 针阀弹簧

压电晶体喷油器构造

这种喷油器的喷嘴针阀由一个压电伺服阀控制，喷油量由其控制持续期决定。在压电晶体上施加一个电压，则会引起晶体晶格的变形，从而产生一种线性位移，利用此位移就可以精密控制喷油器针阀的开闭。

压电喷油器不是利用机械力通过推杆作用在喷嘴针阀上，因此运动质量和摩擦大大降低，并且喷油器的稳定性和喷油误差比通常的电磁阀控制喷油系统有明显的改善。

压电式喷油器是第三代共轨系统的标志之一。有了这种喷油器，共轨系统可以实现每循环 5 次喷射。

这种喷油器可以实现极小的预喷射油量。此外，它的结构尺寸和重量比电磁喷油器小（重量仅为一半），工作时噪声更小。

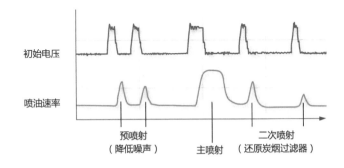

- 初始电压
- 喷油速率
- 预喷射（降低噪声）
- 主喷射
- 二次喷射（还原炭烟过滤器）

压电晶体喷油器喷油过程

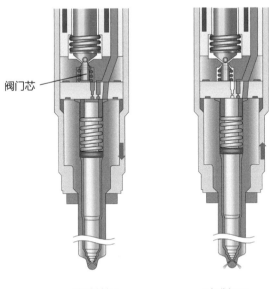

- 阀门芯

喷嘴关闭　　　喷嘴打开

柴油滤清器

柴油的清洁度对喷油泵、喷油器精密偶件的可靠性及寿命有重大影响。柴油中所含的机械杂质主要是由灰尘粒子、金属表面的锈蚀产物、贴在零件表面上杂质等组成。

为了保证燃料供给系统可靠地工作，必须采用能滤去机械杂质99%~99.5%的高效滤清器，其滤网应能满足滤去直径0.002~0.003mm粒子的要求。目前常用的单级滤清器或双级滤清器大多采用纸质滤芯。

▶ 知识链接

1. 柴油滤清器和机油滤清器一样都有整体可更换式和更换滤芯式（右图所示）两种。

2. 由于柴油机的喷油压力远高于汽油机，油束雾化颗粒也远小于汽油机，柴油机供给系统中有很多精密部件。因此，柴油机供给系统的滤清器要求有较高的洁净能力。

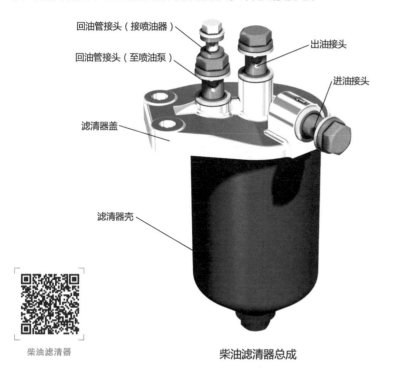

回油管接头（接喷油器）
回油管接头（至喷油泵）
出油接头
进油接头
滤清器盖
滤清器壳

柴油滤清器

柴油滤清器总成

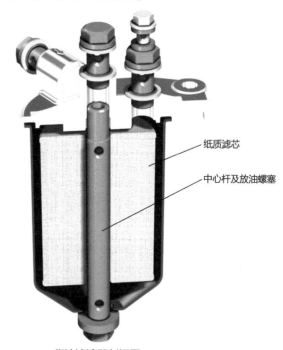

纸质滤芯
中心杆及放油螺塞

柴油滤清器剖视图

油水分离器

当柴油机工作时，柴油首先经油水分离器粗滤除掉水分和部分杂质，然后再流经燃油滤清器进行细滤，保证柴油的洁净度。

柴油经进油接头进入，并经出油接头流出。柴油中的水分在分离器内从柴油中分离出来并沉积在壳体底部。当浮子上浮达到规定的放水水位时，液面传感器将电路接通，仪表板上的警示灯发出放水信号，这时驾驶人应及时旋松放水塞放水。

1. 如果柴油中的水分不能很好地分离出去，柴油机在工作时会出现冒白烟现象，造成发动机动力下降甚至停机。

2. 我国柴油含硫量比较高，燃油中的水与硫化物结合生成的酸会腐蚀高压系统的各个部件。

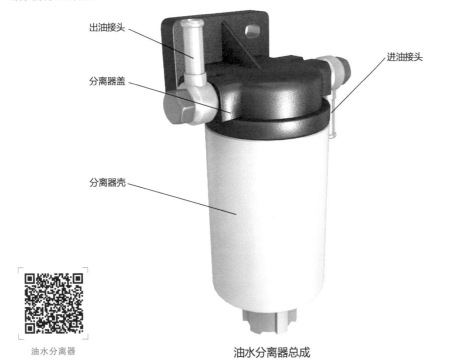

油水分离器

油水分离器总成

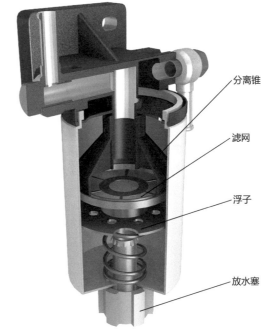

油水分离器剖视图

第六章

冷却系统

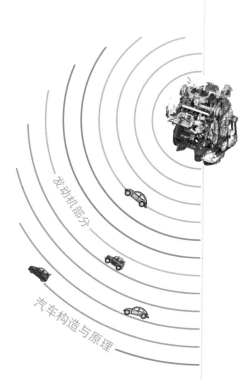

发动机部分

汽车构造与原理

冷却系统组成

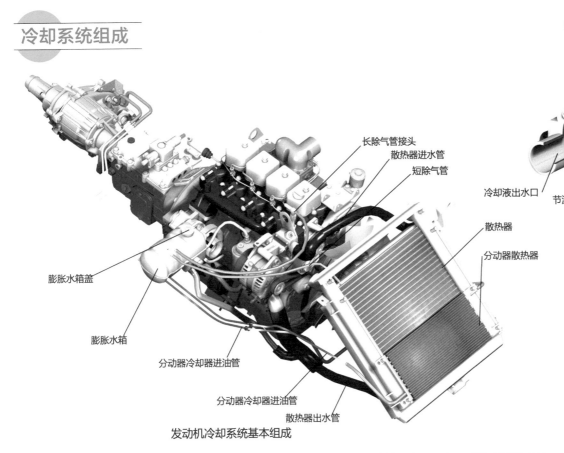

长除气管接头
散热器进水管
短除气管
散热器
分动器散热器
膨胀水箱盖
膨胀水箱
分动器冷却器进油管
分动器冷却器进油管
散热器出水管

发动机冷却系统基本组成

暖风进水管
冷却液出水口
节温器

节温器安装位置

发动机冷却系统的功用是使发动机在所有工况下都保持在适当的温度范围内。一方面对发动机进行强制冷却，将各受热零件的温度控制在允许范围内，另一方面又要保持适当的冷却介质温度，温度过低或过高对发动机的工作都不利。

以冷却液为冷却介质冷却发动机的高温零件，然后再将热量传给空气的冷却系统称为水冷系统；以空气为冷却介质的冷却系统称风冷系统。汽车发动机，尤其是乘用车发动机大多采用水冷系统。

▶ 知识链接

1. 冷却系统的实质是让发动机维持正常工作温度的系统。它既要防止发动机过热，还要防止发动机过冷。

2. 汽车的暖风系统也是利用冷却系统中冷却液的热量工作的。

3. 冷却液全称防冻冷却液，它除防冻作用外还可以防腐蚀、防开锅、防水垢等功能。

4. 现代汽车冷却系统是一套综合的发动机热管理系统，它的工作性能对发动机的工作至关重要。

5. 有些高配车还有主动散热系统。

节温器结构与工作原理

蜡式节温器阀门的开闭完全由石蜡的体积变化来控制，其作用力大且不受冷却系统内压力变化影响，因此温度控制精度较高而被广泛采用。

当冷却液温度低于76℃时，石蜡呈固态，节温器关闭冷却液流向散热器的通道，冷却液经旁通孔、水泵返回发动机，进行小循环。

冷却液温度升至89℃以上时，石蜡完全变成液体，这时冷却液全部经节温器阀进入散热器，并由散热器经水泵流回发动机，进行大循环。

当冷却液温度在76~88℃范围内时，上阀门与侧阀门处于与温度相适应的中间位置。此时冷却液同时进行大、小循环。

▶ 知识链接

1. 节温器失效时，如果节温器处于开启状态会使发动机升温缓慢，如果节温器处于关闭状态会使发动机过热。

2. 电子节温器是在传统蜡式节温器基础上，增加了带加热电阻的温度调节单元。这种节温器由发动机电控单元控制其工作，它可以根据发动机工况来控制冷却系统工作温度。

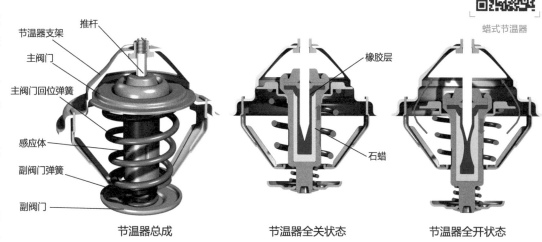

节温器总成　　　　节温器全关状态　　　　节温器全开状态

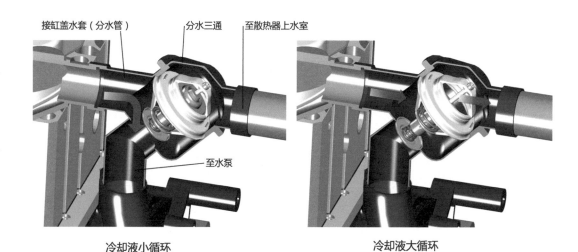

冷却液小循环　　　　　　冷却液大循环

冷却液循环路线

传统发动机节温器布置在气缸盖出水口处，这种布置方式的优点是结构简单，容易排除水冷系统的气泡，但是节温器在工作时会产生振荡现象，这将增加汽车的燃油消耗，不利于提高暖机速度。因此，现代乘用车发动机节

温器往往布置在散热器的出水口处，减轻或消除了节温器振荡，并能精确地控制冷却液温度。

在一年四季温度都比较高的地区，可以通过摘除节温器让发动机散热效率更高。但采用双阀节温器的发动机不能摘除节温器，否则小循环路线一直未关闭会导致发动机过热。

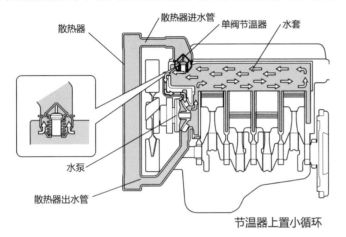

节温器上置小循环

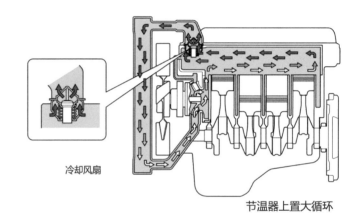

节温器上置大循环

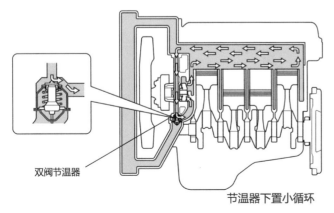

节温器下置小循环

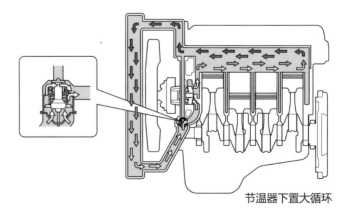

节温器下置大循环

采用电控风扇的散热器

很多乘用车发动机的水冷系统采用电控风扇,尤其是发动机横置前轮驱动的汽车。

电控风扇由风扇电动机驱动并由汽车电源系统供电,电机由发动机电控单元控制,可根据冷却液温度调节风扇转速,使其不受发动机转速影响。

膨胀水箱

散热器出水口

散热器进水管

电控风扇

电动机

散热器

电控风扇
及散热器

▶ 知识链接

1. 电控风扇的控制更为精准,按电机数量可分为单电机和双电机风扇,按装配位置可分为吹风式和吸风式风扇,按电动机调速方式可分为串联电阻调速和脉宽控制调速。

2. 现今很多大型商用车也采用电子冷却风扇,使发动机热管理更精确。

3. 很多电子风扇根据发动机实际工作温度与环境温度可以延时关闭,当车辆熄火后发动机仍能继续冷却一段时间。

散热器

发动机散热器

散热器盖

散热器进水管

中冷器入口

散热器架

中冷器

中冷器出口

冷却液在散热器芯内流动，空气在散热器芯外通过。热的冷却液由于向空气散热而变冷，冷空气则因为吸收冷却液散出的热量而升温，所以散热器是一个热交换器。

汽车散热器由进水室、出水室及散热器芯等构成。

▶ 知识链接

1. 汽车散热器与水箱通常制成一体，上下水室与散热片通常用卡扣连接，如果冷却系统蒸汽阀不能正常排气可能会导致水箱卡扣渗漏。

2. 风冷发动机的散热片直接加工在气缸体上，因此不配备专门的散热器。

3. 通常冷却系统散热器还会同增压系统的中冷器、空调系统的冷凝器、分动器冷却器等一起布置在汽车的前部。

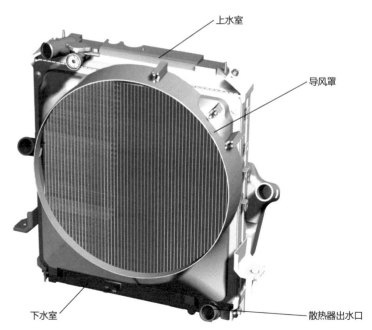

上水室

导风罩

下水室

散热器出水口

硅油离合式风扇及冷却水泵

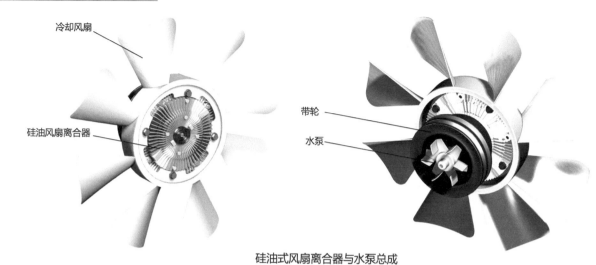

冷却风扇

硅油风扇离合器

带轮

水泵

硅油式风扇离合器与水泵总成

硅油离合器内部封有黏性流体（硅油），靠其剪切黏力传递转矩。在风扇前面装有双金属片，用其感应通过散热器的空气温度，由此控制风扇工作腔内硅油量，只有在必要时，才能传递转矩使风扇旋转。

▶ 知识链接

1. 对于一些大功率发动机来讲，冷却风扇所需要的功率占发动机功率的 3%~5%。硅油离合器失效而锁死风扇会让发动机的油耗大幅度增加，也让冷却系统工作不正常。

2. 现在越来越多的冷却风扇采用柔性材质、不等间距扇叶等技术来降低风扇的功耗和噪声。

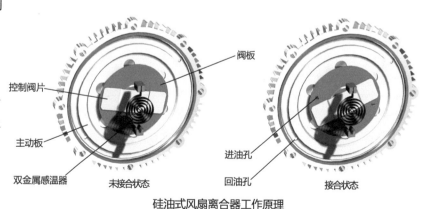

控制阀片

主动板

双金属感温器

阀板

进油孔

回油孔

未接合状态

接合状态

硅油式风扇离合器工作原理

离心式水泵

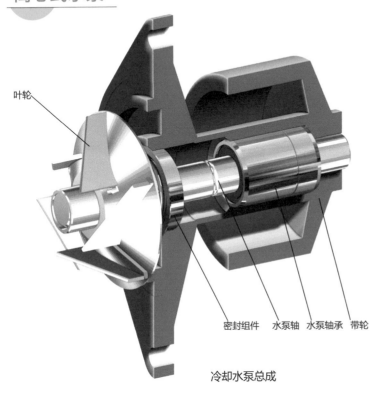

叶轮

密封组件　水泵轴　水泵轴承　带轮

冷却水泵总成

水泵壳体由铸铁或铝铸成。叶轮由铸铁或塑料制成，叶轮上通常有6~8个径向直叶片或后弯叶片。进、出水管与水泵壳体铸成一体。水泵中的冷却液被叶轮带动一起旋转，并在离心力的作用下被甩向水泵壳体的边缘，同时产生一定的压力，然后从出水管流出。在叶轮的中心处，由于冷却液被甩出而压力下降。散热器中的冷却液在水泵进口与叶轮中心的压差作用下，经进水管流入叶轮中心。

汽车构造与原理三维图解
发动机（彩色版）

▶知识链接

1. 水泵若产生故障，就会直接引起冷却系统性能失常，严重时会导致拉缸而使发动机瘫痪。水泵发生故障时一般会产生异响。

2. 水泵异响与渗漏是常见故障，前者通常由传动带老化或水泵轴油封损坏导致，后者通常是由水泵壳体与机体间密封垫损坏导致。

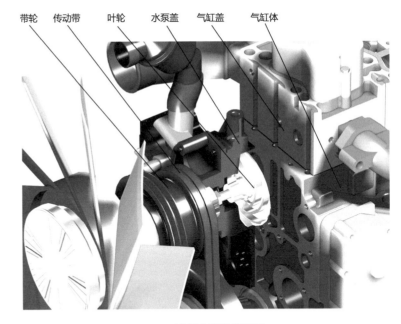

带轮　传动带　叶轮　水泵盖　气缸盖　气缸体

冷却水泵安装位置

第七章

润滑系统

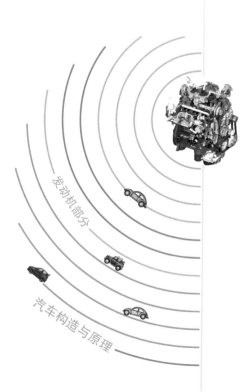

发动机部分

汽车构造与原理

润滑系统的基本组成

润滑系统的功用就是在发动机工作时连续不断地将数量足够而温度适当的洁净润滑油输送到运动零件的摩擦表面，并在摩擦表面之间形成油膜，形成液体摩擦，使摩擦阻力减小、功率消耗降低、机件磨损减轻，以提高发动机工作的可靠性和耐久性。

▶ 知识链接

1. 润滑系统是发动机最重要的辅助系统，通常的保养项目都是以发动机润滑系统为优先的。

2. 润滑油的品质和类型要因发动机而异，不是越高级的和越贵的越好，而是适合的为最好。

3. 润滑系统的设计实际上是秉着"宁差勿缺"的原则。比如说活塞的飞溅润滑、滤清器旁通阀通过非过滤机油等，都是以最底线的保障润滑为前提。

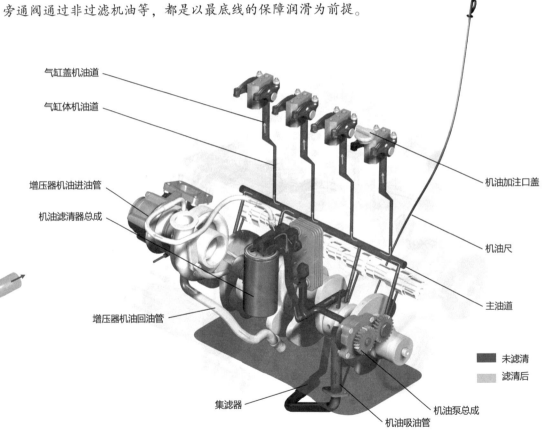

机油泵安装位置

润滑系统组成示意图

主动齿轮
惰轮
内转子
外转子

气缸盖机油道
气缸体机油道
增压器机油进油管
机油滤清器总成
增压器机油回油管
集滤器
机油吸油管
机油泵总成
机油加注口盖
机油尺
主油道

■ 未滤清
■ 滤清后

乘用车润滑油路

乘用车润滑系统的设计与布置除考虑发动机高转速需求外，还由于其辅助系统众多，润滑系统油路设计更为复杂。

发动机工作时，机油泵将油底壳中的润滑油经集滤器过滤后吸入，并形成一定压力后向机油滤清器供油。如果所供机油油压太高或流量过大，则润滑油经机油泵上的限压阀返回机油泵入口或回到油底壳。压力和流量正常的润滑油经滤清器滤清之后，再经机油散热器进入发动机主油道。

机油滤清器盖上设有旁通阀，若机油滤清器堵塞，油压升高，则润滑油不经过滤清器，而由旁通阀直接进入主油道。

主油道中的润滑油通过斜油道分别润滑曲轴的各个主轴颈。然后，润滑油经曲轴内油道，从主轴颈流向连杆轴颈。主油道的润滑油还会向上给配气机构的传动部件润滑。

活塞底部会有机油喷嘴为其提供润滑及冷却。

此外，一些需要液力驱动的部件或总成也需要一定压力的润滑油保证工作。

▶ **知识链接**

1. 发动机上的液力机构如液力挺柱、可变正时机构和液力张紧器等的工作用油也是由压力润滑部分供给。

2. 乘用车润滑系统由于负荷比商用车轻，采用以汽油机为主，润滑系统中油泥等细小杂质较少，通常没有与主润滑路线并联的细滤部分。

3. 现今的发动机活塞所需的飞溅润滑并不是由曲轴搅动油底壳机油飞溅至气缸壁的，而是润滑过的机油流回油底壳前会附着在曲轴上，还有机油喷嘴喷出的机油也会洒落到曲轴上，再由曲轴旋转时甩到气缸壁上，以实现飞溅润滑。

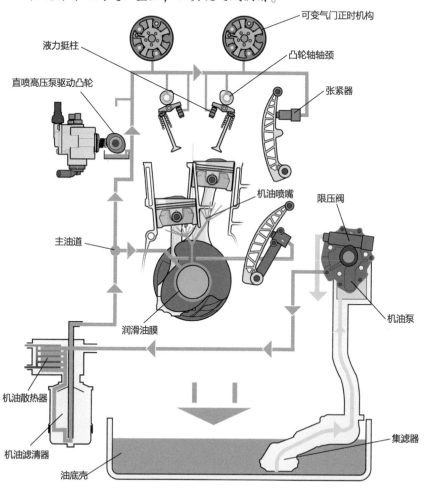

机油滤清器与冷却器

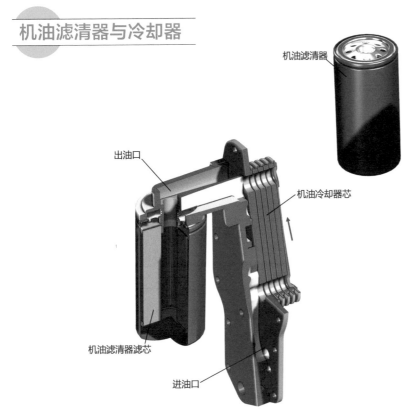

机油滤清器
及冷却器

机油滤清器与冷却器装配体

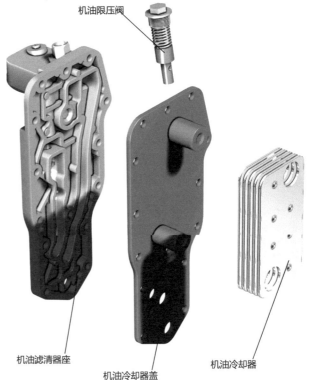

机油滤清器与冷却器分解示意图

机油滤清器用来滤除润滑油中的金属磨屑、机械杂质和润滑油氧化物等。

水冷式机油散热器是将机油散热器装在冷却水路中，当油温较高时，靠冷却液降温；而在起动暖车期间油温较低时，则从冷却液中吸热迅速提高机油温度。

▶知识链接

1. 现代发动机由于功率密度大幅度增加，为保证润滑油的工作状态，通常都装有机油冷却器。

2. 小型乘用车机油滤清器和冷却器往往做成一个装配体。一些重型柴油车机油冷却器独立安装在缸体侧面水套中。

可更换滤芯式机油滤清器

机油由上盖中的进油孔流入，通过滤芯滤清后经上盖中的出油孔流入主油道。当滤芯被杂质堵塞后，当其内外压差达到 0.15～0.17MPa 时，旁通阀被顶开，大部分机油不经过滤芯滤清直接进入主油道，以保证润滑系统得到正常润滑。

机油滤清器外部构造

上盖

进油接头

外壳

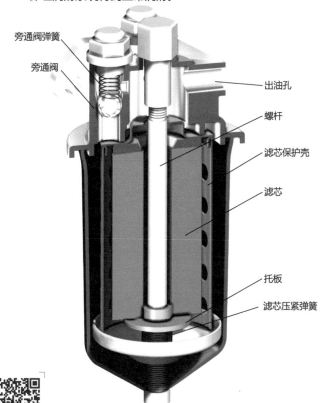

机油滤清器内部构造

旁通阀弹簧

旁通阀

出油孔

螺杆

滤芯保护壳

滤芯

托板

滤芯压紧弹簧

机油滤清器

1. 车用机油滤清器通常分为整体可更换式与可更换滤芯式两种，前者材料成本高，后者更换流程略繁。

2. 机油滤清器中最重要的就是滤芯与旁通阀。正品滤清器对滤芯的通过性和使用寿命都有严格的要求。此外，如果所购机油滤清器中没有旁通阀，或旁通阀打开时机不匹配，会给发动机带来严重后果。

3. 通常机油滤清器只是粗滤器，它与主油道串联。有些柴油机机油滤清器中会有两个滤芯，一个负责主过滤，另一个负责过滤油泥。

第七章 润滑系统

离心式机油细滤器

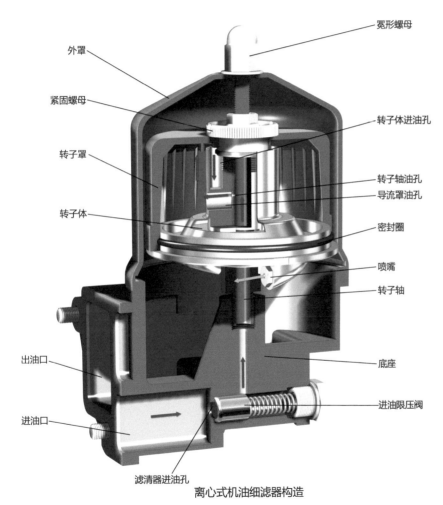

离心式机油细滤器构造

- 外罩
- 紧固螺母
- 转子罩
- 转子体
- 出油口
- 进油口
- 冕形螺母
- 转子体进油孔
- 转子轴油孔
- 导流罩油孔
- 密封圈
- 喷嘴
- 转子轴
- 底座
- 进油限压阀
- 滤清器进油孔

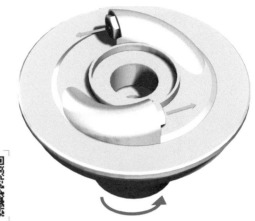

离心式机油细滤器内转子

离心式机油细滤器的外壳上有进油口和出油口，中间装有空心转子轴。细滤器盖用盖形螺母压紧在外壳上，并有密封垫保证细滤器的密封。转子体压有青铜衬套并安装在轴承上，转子轴可绕空心转子轴转动。转子体下面装有两个互成反方向喷嘴的喷孔，通过环形油道与转子内腔相通，用压紧螺母将转子体和转子盖紧固在一起组成转子。

工作时，从机油泵来的一部分油进入进油口，经转子轴和转子体进油孔进入转子内腔，待机油充满转子内腔后，穿过环形油道，由喷嘴喷出，转子在机油喷射反作用力的推动下调整旋转（3000~5000r/min），由于转子内的机油随转子高速旋转，在离心力作用下，杂质甩向转子内壁。洁净的机油从喷嘴喷出，通过外壳出油口流回油底壳。

离心式机油细滤器只在中、重型柴油机上使用。离心式滤清器滤清能力强，通过能力好，且不受沉淀物影响，不需更换滤芯，只要定期清洗即可。

齿轮式机油泵

在齿轮式机油泵壳体内装有一个主动齿轮和一个从动齿轮，齿轮与壳体内壁的间隙很小，壳体上有进油口与出油口。机油泵工作时，主动齿轮由曲轴或凸轮轴驱动旋转，从动齿轮则反向旋转。齿轮旋转时，进油腔的容积由于轮齿向脱离啮合方向运动而增大，腔内产生一定的真空度，机油便从进油口被吸入并充满油腔。齿轮旋转时把齿间所存机油带到出油腔内。由于出油腔一侧轮齿进入啮合状态，使出油腔容积减小，油压升高，机油便经出油口进入发动机油道中。

▶ 知识链接

1. 柴油机润滑系统能否达到它的使用要求以保证柴油机工作正常，虽然与油道是否畅通、机油滤清器是否发挥作用等因素有关，但最主要的、起决定作用的是机油泵的工作状况是否良好。

2. 齿轮式机油泵由于其结构尺寸较大，工作噪声大、工作转速较低，通常应用在柴油机上。但其泵油量大、生产成本较低。

3. 限压阀与旁通阀都是单向阀，结构也相似。但限压阀分流的润滑油不直接参与润滑，旁通阀分流的润滑油会进入主油道进行压力润滑。

齿轮式机油泵

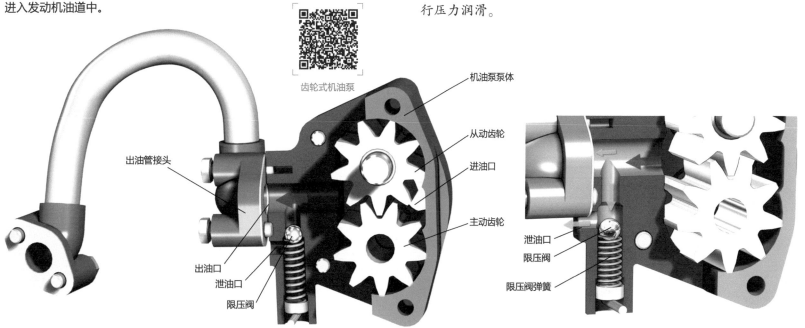

机油泵泵体
从动齿轮
进油口
主动齿轮
出油管接头
出油口
泄油口
限压阀

齿轮式机油泵装配体

泄油口
限压阀
限压阀弹簧

限压阀工作原理

转子式机油泵

当机油泵工作时，曲轴带动内转子旋转，内转子带动外转子向同一方向转动。

进油道一侧的工作腔由于转子脱开啮合，其容积逐渐增大，产生真空度，机油被吸入空腔内。转子继续旋转，机油被带到出油腔一侧，这时转子进入啮合状态，油腔容积逐渐减小，机油压力逐渐升高并从齿间挤出，增压后的机油从出油口送出。

▶ 知识链接

1. 转子式机油泵结构紧凑，外形尺寸小，重量轻，吸油真空度较大，泵油量大，供油均匀性好，但消耗功率相对大。

2. 转子式机油泵通常安装在中小功率发动机上。左图所示的机油泵因发动机排量小直接由曲轴驱动，大部分发动机通过链条驱动。

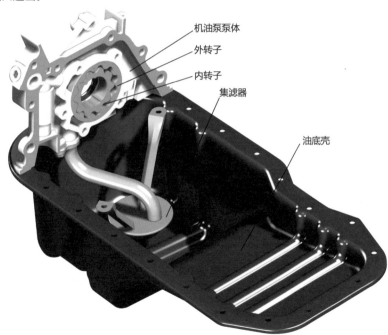

机油泵泵体
外转子
内转子
集滤器
油底壳

由曲轴驱动的转子式机油泵布置

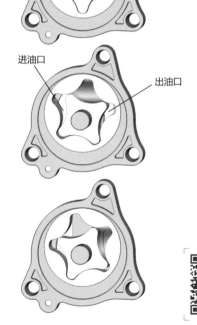

进油口
出油口

转子式机油泵工作原理

转子式机油泵

第八章

空气供给与进、排气装置

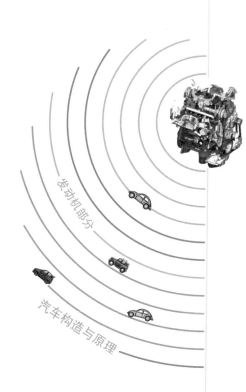

发动机部分

汽车构造与原理

空气供给与进、排气装置组成

空气供给与进、排气装置包括空气滤清器、进气管、排气管、增压器和排气消声器等。其功用是尽可能通畅地导入清洁空气，以供燃烧时使用，同时尽可能彻底地排出废气，并降低排气噪声。

▶知识链接

1. 现代汽车的进、排气系统设计要求很高，比如进气口不能设在车辆行驶产生负压的区域，排气系统既要降低排放噪声，还不能有较大的排气阻力等。

2. V 形发动机排气系统往往设计成双排气系统，以保证排气效果。

3. 增压发动机的进、排气系统与非增压发动机有较大区别。

汽车构造与原理三维图解 发动机（彩色版）

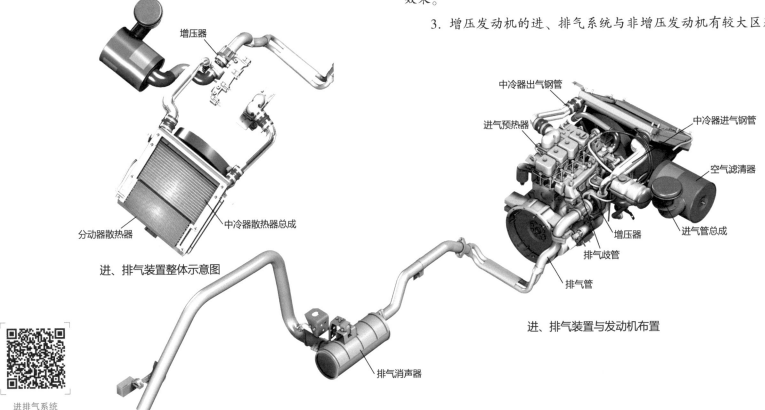

增压器

中冷器出气钢管

进气预热器

中冷器进气钢管

空气滤清器

进气管总成

增压器

排气歧管

排气管

分动器散热器

中冷器散热器总成

进、排气装置整体示意图

排气消声器

进、排气装置与发动机布置

进排气系统

增压的主要类型

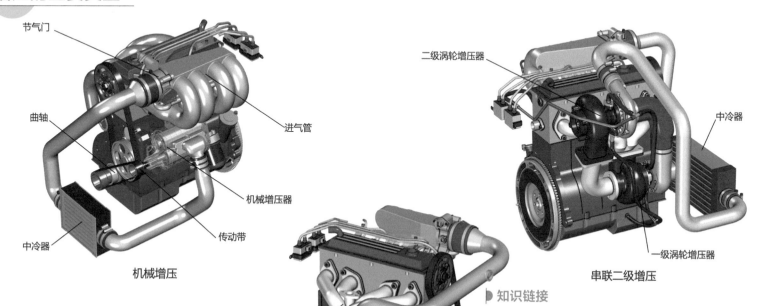

机械增压
节气门
曲轴
中冷器
进气管
机械增压器
传动带

废气涡轮增压
排气管
废气涡轮增压器

串联二级增压
二级涡轮增压器
中冷器
一级涡轮增压器

机械增压容易与发动机匹配，结构也比较紧凑，与涡轮增压相比，其低速增压效果更好。但是，由于驱动增压器需消耗发动机功率，因此燃油消耗率比非增压发动机略高，且增加齿轮的响声。

涡轮增压的优点是经济性比机械增压和非增压发动机都好，并可大幅度地降低有害气体的排放和噪声水平，不消耗发动机功率。

有的高增压发动机上会采用串联二级增压。

▶ 知识链接

1. 对低速动力输出、输出平稳性要求较高、排量较大的车型上，机械增压是首选，所以它在豪华车上使用更广，但生产与后期维护成本是制约它应用的最大因素。

2. 废气涡轮增压是目前主流的增压技术，随着叶轮轻量化和电磁放气阀控制等技术的应用发展，让它的迟滞性大为改善，适用工况更多。

3. 一些进口汽车如大众原装 TSI 车型还会将机械增压与废气涡轮增压组合使用。

机械增压器

机械增压器

知识链接

机械增压器的制造受制于压缩转子的设计和整体强度，而且除了齿轮外，其他部件都是一体铸造而成。压缩转子的形状、角度等参数对增压器的增压值影响较大，尤其需要减小机械增压给发动机高速运转带来的阻力。机械增压器对设计技术的要求高，对经济型车型来说并不理想。

此外，机械增压器后期的保养维护成本高，尤其是更换成本过高，这也限制了它在国内的应用。

中冷器

空气滤清器

机械增压器

进气导管

机械增压器的安装与布置

机械增压器由曲轴通过传动带直接驱动，并压缩进气，它的瞬时响应性较强。

机械增压器广泛使用罗茨转子结构，这类增压器有两个相互啮合的转子，它们通过一组齿轮连接，并以相同转速同步反向旋转。扭曲的转子与经过特殊设计的进口和出口几何形状相结合，有助减少压力波动，使空气流动平稳，工作时噪声较低。

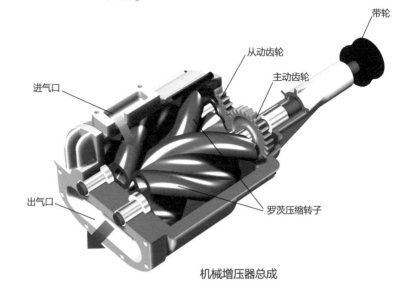

带轮

从动齿轮

主动齿轮

进气口

出气口

罗茨压缩转子

机械增压器总成

废气涡轮增压器

废气涡轮增压器

废气涡轮增压器是一种利用发动机排气中的剩余能量来工作的空气泵。废气驱动涡轮机叶轮总成，后者与压气机叶轮相联接。当涡轮增压器转子转动时，大量的压缩空气被输送到发动机气缸内。由于增加了进气量，就可以喷射更多的燃油，使发动机在尺寸不变的前提下而输出更大的功率。

▶ 知识链接

1. 废气涡轮增压器是目前性价比最高的车用增压技术。与机械增压相比，涡轮增压不仅不会消耗发动机功率，还能在中、高转速工况时带来不错的动力输出，提高燃油经济性。

2. 采用废气涡轮增压器的发动机在使用、维护和修理等方面都要比自然吸气发动机要求高，会面临如起步前等待，对机油品质要求高，可靠性相对降低，维修成本高等问题。

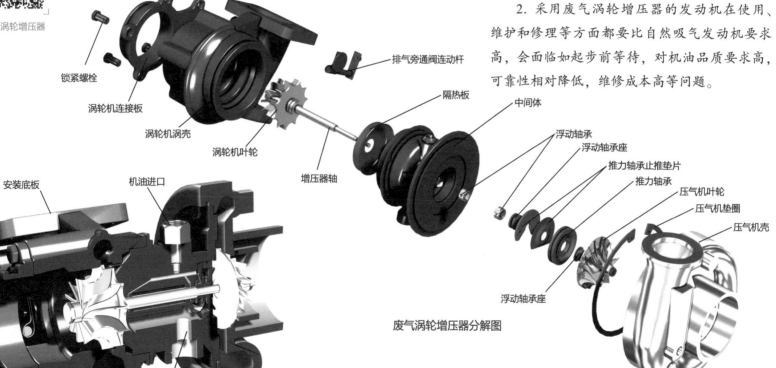

废气涡轮增压器分解图

废气涡轮增压器构造

空气供给与进、排气装置　第八章

增压器润滑与冷却

车用涡轮增压器都采用浮动轴承。浮动轴承实际上是套在轴上的圆环，圆环与轴以及圆环与轴承座之间都有间隙，可形成双层油膜。圆环浮在轴与轴承座之间，一般内层间隙为 0.05mm 左右，外层间隙约为 0.1mm。轴承壁厚度为 3~4.5mm，用锡铅青铜合金制造，轴承表面镀一层厚度为 0.005~0.008mm 的铅锡合金或金属铟。增压器工作时，轴承在轴和轴承座之间转动。

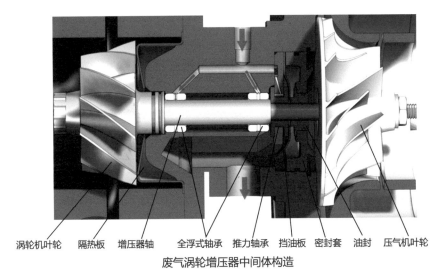

涡轮机叶轮　隔热板　增压器轴　全浮式轴承　推力轴承　挡油板　密封套　油封　压气机叶轮

废气涡轮增压器中间体构造

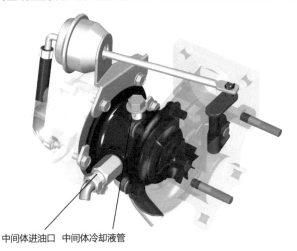

中间体进油口　中间体冷却液管

采用液冷的废气涡轮增压器

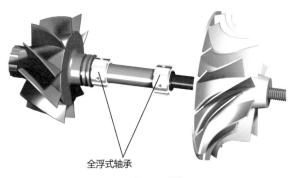

全浮式轴承

废气涡轮增压器叶轮

▶ 知识链接

1. 全浮式轴承除了有双层油膜保证润滑外，还降低了运动部件间的转速，能让叶轮在 10~30 万 r/min 下工作。

2. 由于增压器的工作转速极高，这就要求汽车起步前和熄火前都要怠速运转一会，让叶轮轴得到充足润滑或在叶轮降速时仍有润滑供给，但有延时润滑保护功能的增压器可直接熄火发动机。

3. 很多高转速发动机的增压器中间体部分加工有水套，并连接冷却液管路，以强化散热效果。

汽车构造与原理三维图解
发动机（彩色版）

可变截面涡轮增压器

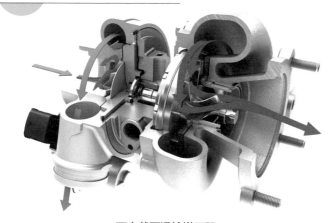

可变截面涡轮增压器

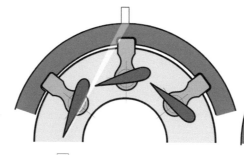

怠速（低流量）

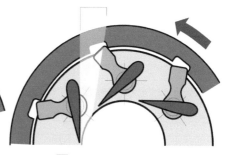

高速（高负荷、高流量）

在大排量重型车或高转速车用涡轮增压发动机上多采用涡轮机喷管出口截面可变的涡轮增压器，简称可变截面涡轮增压器。

这种涡轮增压器通过改变喷管出口截面积来调节增压压力。当发动机低速运行时，缩小喷管出口截面积，使喷管出口的排气流速增大，涡轮机转速随之升高，增压压力和供气量都相应增加；当发动机高速工作时，增大喷管出口截面积，使喷管出口的排气流速减小，涡轮机转速相对降低，这样增压器将不会超速，增压压力也不至于过高。

▶ 知识链接

1. 这种技术是让涡轮增压器既能采用轻质叶轮以减小其迟滞感，又能使它在高速时也能适合的工作。

2. 这种技术在柴油机上应用相对较多，由于汽油机排气温度高，只有少数跑车才有应用。

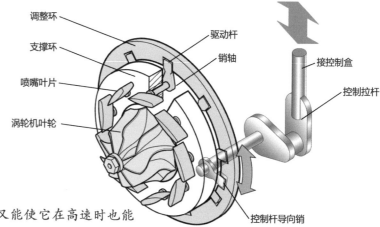

喷嘴环结构与控制

空气滤清器

空气滤清器的功用是清除进入气缸之前的空气中的灰尘和杂质，以减小气缸和活塞组之间以及气门组之间的磨损，同时还有减小进气噪声的作用。试验表明，如果不安装空气滤清器，气缸磨损将增加8倍，活塞磨损增加3倍，活塞环磨损增加9倍，发动机寿命将会大大缩短。

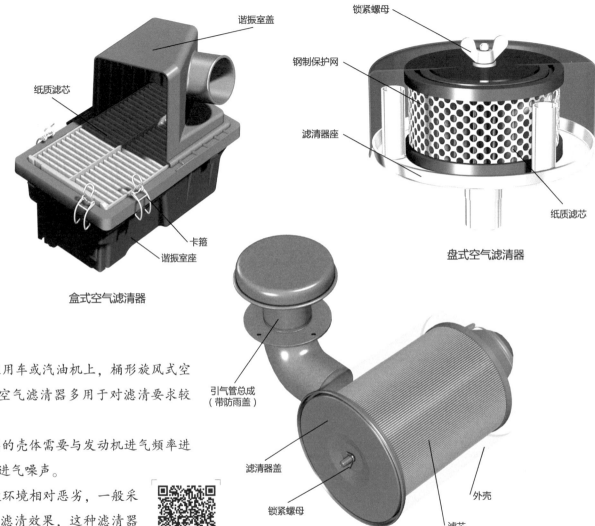

谐振室盖

纸质滤芯

卡箍

谐振室座

盒式空气滤清器

锁紧螺母

钢制保护网

滤清器座

纸质滤芯

盘式空气滤清器

引气管总成
（带防雨盖）

滤清器盖

锁紧螺母

外壳

滤芯

桶形旋风式空气滤清器

▶ 知识链接

1. 盒式空气滤清器多用于乘用车或汽油机上，桶形旋风式空气滤清器多用于商用车上，盘式空气滤清器多用于对滤清要求较高的车辆上。

2. 乘用车常用的盒式滤清器的壳体需要与发动机进气频率进行匹配，既增加进气量，又降低进气噪声。

3. 由于商用车或越野车行驶环境相对恶劣，一般采用多级旋风式空气滤清器以提高滤清效果，这种滤清器清洗后可反复使用。

空气滤清器

排气管及消声器

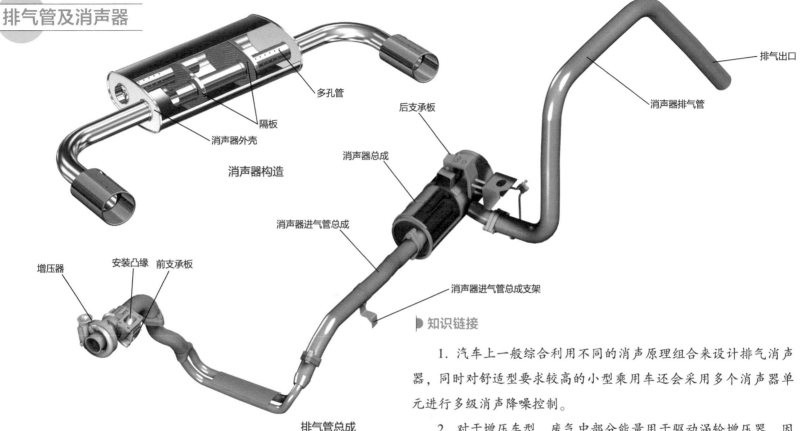

多孔管

隔板

消声器外壳

消声器构造

后支承板

消声器总成

消声器进气管总成

增压器

安装凸缘 前支承板

消声器进气管总成支架

排气出口

消声器排气管

排气管总成

消声器的功用是通过逐渐降低排气压力、衰减排气压力的脉冲以消减排气噪声。

废气经过多孔管进入多孔管与外壳之间的滤声室，受到反射并在这里膨胀冷却，又多次与壁碰撞消耗能量，从而降低压力，减小振动，最后从多孔管排到大气中，使排气噪声显著减小。

▶知识链接

1. 汽车上一般综合利用不同的消声原理组合来设计排气消声器，同时对舒适型要求较高的小型乘用车还会采用多个消声器单元进行多级消声降噪控制。

2. 对于增压车型，废气中部分能量用于驱动涡轮增压器。因此，消声器的尺寸可以相对减小。

3. 排气管消声器最前端固定在发动机排气歧管上，其他全用橡胶吊耳悬挂车身上。如果拆装不规范，可能会引起消声器或排气管共振。

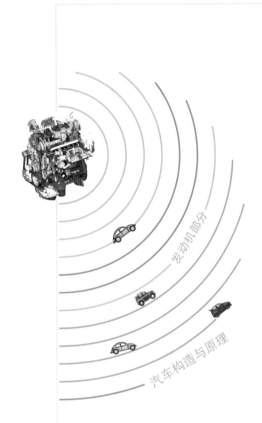

第九章

发动机排放控制

汽油机尾气处理装置

排气歧管

氧传感器

前催化器

主催化器

汽油机后处理装置的安装布置

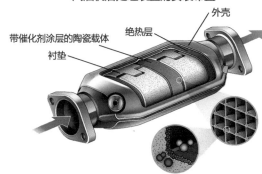

外壳

带催化剂涂层的陶瓷载体

绝热层

衬垫

三元催化转化器结构

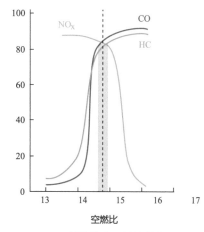

三元催化转化器特性曲线

汽油机排气后处理技术主要使用三元催化转化器，它安装在汽车排气系统中，可将发动机排出的 CO、HC 和 NO_x 等有害气体通过氧化还原反应转换为无害的 CO_2、H_2O 和 N_2。

当高温的汽车尾气通过净化装置时，三元催化转化器中的净化剂将增强 CO、HC 和 NO_x 三种气体的活性，促使其进行一定的氧化还原化学反应，其中 CO 在高温下氧化成无色、无毒的 CO_2；HC 在高温下氧化成 H_2O 和 CO_2；NO_x 还原成 N_2 和 O_2。三种有害气体变成无害气体，使汽车尾气得以净化。

▶ 知识链接

1. 三元催化转化器的最佳转化范围在理论空燃比附近。为保证其转化效率，现今汽油机都是以牺牲动力性和经济性为代价。

2. 过浓的混合气以及低品质的燃油会使三元催化转化器无法正常工作或引起转化器中毒。

3. 车辆在行驶一定里程后需要更换三元催化转化器，这样才能保证发动机尾气排放达标。

柴油机尾气后处理装置

现代柴油机除了采用发动机内部净化处理技术以外，在排气系统中还安装有氧化催化净化器、微粒捕集器和氮氧化物处理装置等。同时为了保证后处理装置的工作时效性，后处理装置往往还带有还原装置。

尾气后处理技术主要有 SCR、LNT 和 DPF、POC、DOC。其中 SCR 用于还原 NO_x，主要用于重型汽车；LNT 也用于还原 NO_x，但只能用于轻型柴油机；DPF 和 POC 用于捕捉微粒；DOC 用于氧化 CO 和 HC，也可用于 SCR 的前处理。

▶知识链接

由于柴油机废气中的颗粒物与 NO_x 的生成条件存在互逆性，因此在满足国五排放要求的技术上出现了两种路线。从国外情况看，欧洲主要选择 SCR 技术路线，而美国主要选择 EGR + DPF 技术路线。目前，国内两种技术路线都有运用，重型车辆主要采用 SCR 技术路线，轻中型车辆主要采用 EGR + DPF 技术路线。

如果采用 SCR 技术路线，汽车上还必须装备尿素罐及其控制系统。

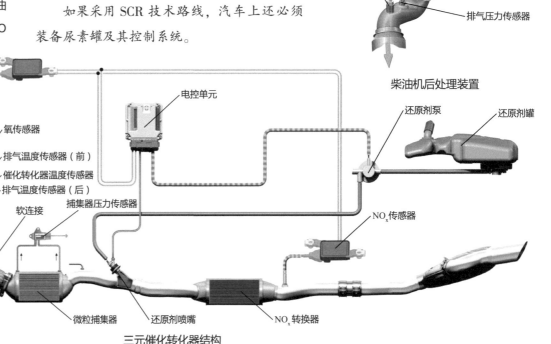

柴油机后处理装置

三元催化转化器结构

发动机（彩色版）
汽车构造与原理三维图解

外部废气再循环控制

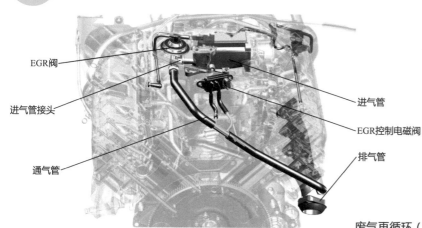

电子控制EGR系统

机械控制EGR系统

接进气管端

EGR阀片

顶杆

导管

滑槽

接排气管端

电磁阀

EGR阀打开状态

EGR阀关闭状态

EGR阀结构与工作

废气再循环（EGR）是通过与排气歧管和进气歧管相连，将一部分尾气重新引入到进气歧管中，再次参与燃烧从而减少NO_x的排放。

EGR阀开启会使少量废气进入进气歧管并与可燃混合气一起进入燃烧室。怠速时EGR阀关闭，几乎没有废气再循环进入发动机。

另外，装有涡轮增压器的内燃机等在高负载时若进行EGR，吸气压力会大于再循环废气气压，会使阀门开关无法进行回流。因此必须设置EGR控制阀门逆止阀（止回阀）。

▶知识链接

1. 废气再循环是降低发动机燃烧温度，从而减少 NO_x 的有效途径之一。但是废气再循环率如果过高的话（气缸废气充量过大），会对发动机做功能力有极大的影响。

2. 现在有些新型发动机将 EGR 阀与节气门体合二为一，这样减小了体积，降低了成本，但是后期维修费用会增加。

曲轴箱通风

为防止曲轴箱压力过高，延长机油使用期限，减少零件磨损和腐蚀，防止发动机漏油，必须实行曲轴箱通风。此外，为满足日益严格的排放要求并提高经济性，在汽车发动机设计过程中必须考虑曲轴箱通风系统设计。

曲轴箱通风包括自然通风和强制通风，现代汽油发动机常采用曲轴箱强制通风，又称 PCV 系统。

PCV 阀利用进气管中因负荷变化而变化的真空度，调整通气量。通常负荷越大，PCV 阀开度也越大。

▶知识链接

1. 为了满足排放法规，为了让曲轴箱内压力均衡，减少气缸向曲轴箱窜气，很多发动机曲轴箱通风系统设计得都很复杂。

2. 曲轴箱通风系统的故障现象和常见故障表象相似，很多时候都是排除了其他可能位置，然后才到曲轴箱通风系统。

3. 机油乳化现象通常都是因为通风系统中的分离器设计不佳所致。

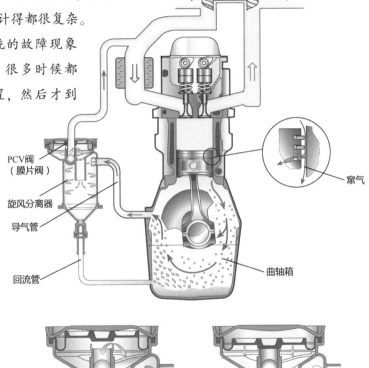

PCV阀
（膜片阀）
旋风分离器
导气管
回流管
窜气
曲轴箱

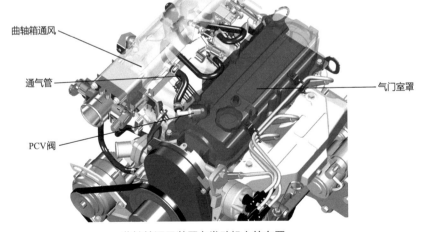

曲轴箱通风
通气管
PCV阀
气门室罩

曲轴箱通风装置在发动机上的布置

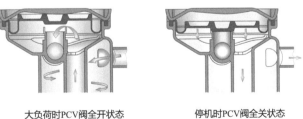

大负荷时PCV阀全开状态　　停机时PCV阀全关状态

带机油分离装置的曲轴箱通风系统

汽车构造与原理三维图解
发动机（彩色版）

燃油蒸发控制系统

油箱内的燃油会因蒸发而增加油箱内部的压力，但多余的燃油蒸汽不能直接排到大气中，因此需要燃油蒸发系统处理这部分燃油蒸汽。

当汽车运行或熄火时，燃油箱的汽油蒸汽通过管路进入活性炭罐上部，新鲜空气也进入活性炭罐。发动机熄火后，汽油蒸汽与新鲜空气在罐内混合并贮存在活性炭罐中，当发动机起动后，装在活性炭罐与进气歧管之间的燃油蒸发净化装置的电磁阀打开，活性炭罐内的汽油蒸汽被吸入进气歧管参与燃烧。

活性炭罐

▶知识链接

电磁阀工作失效后，活性炭罐电磁阀不能正常开启，可能会在驾驶室内闻到汽油味。活性炭罐电磁阀损坏或常开不闭会让发动机怠速不稳或出现起动后熄火等间歇性故障。

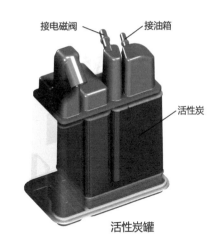

接电磁阀　接油箱

活性炭

活性炭罐

活性炭罐电磁阀

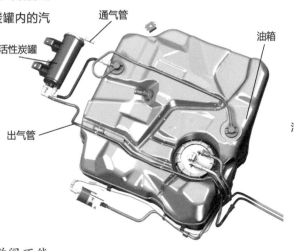

通气管

活性炭罐

油箱

出气管

燃油蒸发系统布置

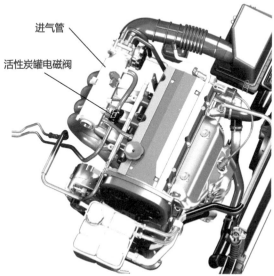

进气管

活性炭罐电磁阀